Do autor:

Ciência com consciência
Meus demônios
Amor, poesia, sabedoria
A cabeça bem-feita
A religação dos saberes
O mundo moderno e a questão judaica
Filhos do céu (com Michel Cassé)
Cultura e barbárie europeias
Meu caminho
Rumo ao abismo? - Ensaio sobre o destino da humanidade
Edwige, a inseparável
O caminho da esperança (com Stéphane Hessel)
A via
Como viver em tempo de crise? (com Patrick Viveret)
Minha Paris, minha memória

EDGAR MORIN

Minha
PARIS
MINHA
MEMÓRIA

Tradução
Clóvis Marques

World copyright © Librairie Arthème Fayard, 2013

Título original: *Mon Paris, ma mémoire*

Capa: Raul Fernandes
Imagem na contracapa: Peet Simard / Corbis / Latinstock
Editoração: Futura

Texto revisado segundo o novo
Acordo Ortográfico da Língua Portuguesa

2015
Impresso no Brasil
Printed in Brazil

Cip-Brasil. Catalogação na publicação.
Sindicato Nacional dos Editores de Livros, RJ.

M85m Morin, Edgar, 1921-
    Minha Paris, minha memória / Edgar Morin; tradução Clóvis Marques. – 1. ed.
    – Rio de Janeiro: Bertrand Brasil, 2015.
    224 p.; 23 cm.

    Tradução de: Mon Paris, ma mémoire
    ISBN 978-85-286-1779-5

    1. Morin, Edgar, 1921- . 2. Filósofos – França – Biografia. 3. Sociólogos
    – França – Biografia. I. Título.

15-22333   CDD: 921.4
                                             CDU: 929:1(44)

Todos os direitos reservados pela:
EDITORA BERTRAND BRASIL LTDA.
Rua Argentina, 171 — 2º andar — São Cristóvão
20921-380 — Rio de Janeiro — RJ
Tel.: (0xx21) 2585-2076 — Fax: (0xx21) 2585-2084

Não é permitida a reprodução total ou parcial desta obra, por
quaisquer meios, sem a prévia autorização por escrito da Editora.

Atendimento e venda direta ao leitor:
mdireto@record.com.br ou (0xx21) 2585-2002

Ah! Como era bela minha aldeia,
Minha Paris, nossa Paris!
Falava-se nela uma só língua,
O que bastava para ser entendido!
Os namorados não
Escondiam-se nos cinemas,
Pois tinham melhor a fazer:
Trocavam beijos num banco
E os pardais suavemente
Faziam o mesmo nos galhos!
Ah! Como era bela minha aldeia,
Minha Paris, nossa Paris!

Alibert, *Mon Paris*
(Letra: L. Boyer
Música: J. Boyer e V. Scotto, 1928)

Que é feito dos meus amigos
Que tão próximos me eram
E tão amados...

Rutebeuf
(1230-1285)

SUMÁRIO

I. Sob os telhados de Paris (1921-1940) — 9
II. Paris durante a Ocupação (1943-1944) — 37
III. Paris para os parisienses (1944-1945) — 59
IV. Em Saint-Germain-des-Prés (1946-1947) — 71
V. De Vanves a Rueil (1947-1957) — 91
VI. Rue Soufflot (1957-1962) — 117
VII. O Marais (1962-1979) — 133
VIII. Da rue de la Pompe à praça d'Italie (1980-1984) — 165
IX. De volta ao Marais (1984-2009) — 177
X. Em Montparnasse (2010) — 199
XI. O metrô — 207

Epílogo — 219

I

Sob os telhados de Paris

1921-1940

Eu nasci em Paris a 8 de julho de 1921, na rue Mayran, 9º *arron-dissement*, ao pé da colina de Montmartre. Essa ruazinha em ligeira inclinação liga a praça Montholon à rue Rochechouart, que, a partir da rue La Fayette, sobe até o boulevard de Rochechouart.

Adolescente vivendo em Salônica, cidade sefardita francófona e fran-cófila do Império Otomano no início do século XX, meu pai aprendera canções do *caf'conc'*,* como as de Mayol (*Cousine, Viens Poupoule, Les Mains de femme...*). Nutria verdadeiro culto por Paris. Em seu diário íntimo, ele escrevera aos 14 anos: "Paris, Paris, quando é que serei um dos teus habitantes?" E estava constantemente cantando melodias como *Ah, qu'il était beau, mon village* ou *Paris, ô ville infâme et merveilleuse...*, que o deixavam infinitamente feliz. Sabia de cor todas as cantigas estilo 1900 sobre Paris, e, tendo-se tornado parisiense, como passava o dia inteiro cantando como um pardal, continuava a entoá-las incansavel-mente. E eu, saindo da infância, por minha vez também cantava "Paris, ó cidade infame e maravilhosa", entre tantas outras, inclusive esse refrão que Mistinguett, contemporânea dos meus anos de juventude, nos fazia ouvir numa voz maravilhosamente gasta: "Paris é uma loura! Paris, rainha do mundo..." Posso assim dizer que já nas décadas de 1920-1930

---

* Café-concerto. (N. T.)

a Paris anterior ao meu nascimento entrou na minha primeira infância e já era a *minha* Paris.

Passados os meus 10 anos, quando fui arrebatado pelo imaginário cinematográfico, passando as quintas e domingos nos cinemas, fiquei encantado com canções de filmes, frequentes na época, entre elas *Sous les toits de Paris*,[1] do filme homônimo:

Quando ela fez vinte anos
Sua velha mamãe
Disse-lhe um dia com ternura:
"Em nossa casa
Muitas vezes penei
Para te criar, faltava dinheiro;
Mas a cada dia pudeste perceber
O que é felicidade, meu amor.

Sob os telhados de Paris,
Como vês, minha pequena Nini,
Podemos viver felizes e unidas.
Estamos sozinhas aqui embaixo,
Nem nos damos conta,
Basta chegar um pouco mais perto, e pronto!
Enquanto me amares
De nada preciso;
Perto da tua mamãe,
Nada te atormenta.
E assim, de corações unidos,
Vamos colher, como uma flor,
Sob os telhados de Paris, a felicidade."

---

[1] Letra de René Nazelles, música de Raoul Moretti, 1930.

MINHA PARIS, MINHA MEMÓRIA

E a balada do filme *14 Juillet: À Paris, dans chaque faubourg*:[2]

Em Paris, em cada subúrbio
O sol de cada dia
Faz desabrochar um sonho de amor
Em cada destino.
Na multidão, um amor vem pousar
Numa alma de vinte anos.
Para ela tudo se transforma
Tudo são cores de primavera.
Em Paris, quando nasce o dia
Em Paris, em cada subúrbio
Aos vinte anos, sonhamos
Com as cores do amor.

Mais tarde, com o passar dos anos, eu descobriria as canções de Bruant, entre elas as maravilhosas *Roses blanches*, *La Romance de Paris*, de Trénet, *La Complainte de la Butte*, do filme *French Cancan*, de Renoir, entre tantas outras, como, por exemplo, *À Paris*, de Francis Lemarque.

Passei os anos da minha infância na rue Mayran. Filho único, tímido, eu não queria ir à escola. Entretanto, tendo as aulas começado, um decreto da Prefeitura obrigou meu pai a me levar. Ele me tirou à força do apartamento, arrastando-me degrau após degrau por três andares, enquanto eu berrava como um porco na degola. Tentei um derradeiro gesto de resistência em frente à casa do porteiro, mas acabei me deixando arrastar, choramingando por todo o caminho. Subimos a rue Rochechouart, depois a rue Turgot, e desembocamos na avenue Trudaine, onde ficava o enorme prédio do Liceu Rollin. Meu pai levou-me até a porta da sala de aula infantil. Com minha resistência, eu me atrasara, as aulas já tinham

---

[2] Letra de René Clair, música de Maurice Jaubert, 1933.

começado. Vendo as crianças sentadas, fiquei apavorado, desvencilhei-me, fui trazido de novo e empurrado para dentro da sala, enquanto a professora fechava a porta à chave. Ela me indicou uma carteira na última fileira, onde fiquei, trêmulo, até o fim das aulas.

Eu acabei me habituando ao Liceu Rollin, encorajado pela simpatia da Srta. Courbe, professora da turma infantil, e depois pelo Sr. Marquand, meu professor no segundo e terceiro primários. Vendo que eu me mostrava sedento de leituras, ele me recomendava livros. Alguns deles me marcaram, como, naturalmente, os romances da condessa de Ségur e mais tarde *A Cabana do Pai Tomás* e *Pedrito, le petit émigrant*.

Eu vivia em Paris, mas até os 10 anos ainda não era parisiense. De mãos dadas com minha mãe, ia com ela fazer as compras na rue de Rochechouart. Pegava com ela o bonde na rue La Fayette e íamos até outra colina, ao pé da rue Ménilmontant, para visitar sua irmã, minha tia Corinne, cujo apartamento na rue Sorbier tinha um banheiro, e que semanalmente me dava um banho juntamente com seu filho Freddy, dois anos mais moço. O momento em que o bonde passava nas pontes sobre duas vastas linhas ferroviárias me mergulhava em maravilhado assombro. O fato de uma rua transformar-se em ponte e depois voltar a ser rua me deixava estupefato, num estado poético.

Minha mãe, querendo sempre ver-me muito bem-vestido, levava-me à sua costureira no boulevard de Ménilmontant, e ela confeccionava para mim terninhos de marinheiro. As duas irmãs frequentavam o salão de chá das Galeries Lafayette, onde ainda bebê eu fora oferecido à admiração das garçonetes e onde ficava pasmo de ver apenas senhoras.

Voltam-me ainda outras lembranças: vejo-me lançando um frágil barco na superfície dos lagos das Tulherias. Vejo-me montado num cavalo de madeira num carrossel do mesmo jardim das Tulherias.

Passei a infância em recantos de Paris que não eram ligados a um conjunto urbano (a não ser pelo bonde que ia de La Fayette a Ménilmontant), tendo ao centro, ao pé da colina de Montmartre, o bairro circunscrito pela rue La Fayette, ao sul, e a avenue Trudaine e o Liceu Rollin ao norte, e centrado na rue Mayran e na praça Montholon.

Eu era paparicado por minha mãe, que, acometida de uma lesão cardíaca, não podia ter outro filho. Ela era todo o meu universo, e até sua morte eu continuei sendo o pintinho que segue a galinha passo a passo.

Foi a morte de minha mãe que me tornou parisiense.

As férias estavam chegando. Naquele 26 de junho de 1931, o quarto ano não podia estar mais feliz. Eu tinha escrito um romance intitulado *O amor do bandido*, que não passara de três páginas e tinha circulado na classe. A professora, que o levara para ler, o devolveu nesse dia sem dizer palavra. E eu rapidamente esqueci aquela humilhação de escritor.

Ao deixar o liceu, tive a surpresa de ver meu tio, o marido de minha tia Corinne, esperando-me diante de um táxi. Como ele me explicasse que meus pais tinham viajado para uma estância hidromineral, não fiquei preocupado, e, de pé no táxi de teto aberto, respirava com volúpia a primavera de Paris. Essa viagem de táxi, ao longo do metrô de superfície, pelo boulevard de la Chapelle, foi um encantamento. Eu estava feliz no dia da minha maior adversidade.

*

Eu estava, portanto, na casa de tia Corinne sem ter consciência de nada, nem mesmo me sentia espantado com a ausência do meu pai, que diziam ter acompanhado minha mãe à estação hidromineral. Talvez no fundo não estivesse nada insatisfeito com aquela sensação de novidade. Dois dias depois, creio eu, a empregada de Corinne, uma armênia de coração generoso, levou-nos, Freddy e a mim, à praça Martin-Nadaud, que se estende ao longo do cemitério Père-Lachaise, na avenue Gambetta. Meu primo e eu estávamos agachados na relva, fazendo não sei mais o quê, quando de repente dei com um par de sapatos negros, uma calça negra, um homem todo vestido de negro, e então o rosto do meu pai. Com toda certeza ele acabava de sair de um enterro no cemitério ao lado. Eu entendi tudo num átimo, mas fingi que nada estava entendendo. Meu pai me disse: "Não fique aí no gramado." Eu fingi que resistia. Ele se foi.

Essa praça Martin-Nadaud é o lugar de Paris que me marcou para sempre. Não é o cemitério arborizado de Père-Lachaise, ao lado, que representa a morte para mim, mas a praça onde surgiu a minha frente o homem de negro. Toda vez que dela me aproximei para pegar o metrô Martin-Nadaud, ou toda vez que ao longo dos anos passei por essa praça, pela avenue Gambetta, eu revi o momento fatal, senti a ferida mortal. Nunca fui capaz de acompanhar meu pai nem minha tia quando visitavam o túmulo de minha mãe nos aniversários de morte, o que confirmava para eles a imagem que tinham da minha insensibilidade.

Eu já o escrevi em outra oportunidade: foi para mim uma Hiroshima interna, e essa devastação terá sido tanto maior porque eu me escondia nos banheiros para chorar e voltava a chorar debaixo do lençol ao deitar-me. E a coisa toda se agravou quando tia Corinne se esforçou por me levar progressivamente à consciência, que eu já tinha, da morte: "Sua mamãe foi fazer uma viagem ao Céu; às vezes a gente volta e às vezes não volta." E foi assim que um pouco mais tarde, com cuidados que eu achava idiotas, ela acabou me anunciando a morte de minha mãe. Para coroar tudo, declarou certo dia aos filhos na minha presença: "Não se deve magoar os pais, a tia Lunica [minha mãe] morreu disso." No fim das contas, depois de muitos circunlóquios, tia Corinne me disse: "A partir de agora pode me considerar sua mamãe." Não ouvi sua fala como uma consolação, mas como uma usurpação.

(No verão seguinte, em 1932, fui acometido de uma febre de rara gravidade, de origem desconhecida, da qual fui salvo ao mesmo tempo pelo gelo em que envolviam meu corpo e pelos dedos de tia Corinne tirando da minha garganta o muco que me sufocava. Tenho para mim que todo o meu ser aspirava unir-se a minha mãe. Incapazes de entender, os médicos diagnosticaram no fim das contas uma "febre aftosa", enfermidade típica das vacas.)

Meu pai e eu fomos então acomodados na casa de Corinne, mas eu passei a viver voltado sobre mim mesmo, como um estranho, e, sem deixar de amar meu pai e minha tia, odiava-os por suas mentiras, ao passo que eles me achavam um desalmado, indiferente à morte de minha mãe.

E assim foi que, à sua morte, perdi ao mesmo tempo meu pai e minha mãe. Perdi meu pai, deixei de acreditar nele, perdi completamente a fé no que dizia. Ao mesmo tempo em que o amava, achava-me seu inimigo. Só progressivamente eu viria a recuperar meu pai, no fim da vida. Ele se tornou meu pai-filho.

Num sentido mais amplo, eu perdi minha família, que se tornou estranha, à exceção da minha avó materna. O apartamento de tia Corinne, onde meu pai e eu nos hospedamos, não era um refúgio, mas um exílio. Meu refúgio seria novamente o bairro de Ménilmontant, e cada vez mais minha casa era basicamente Paris.

*

Corinne morava na rue Sorbier, que vai dar na rue de Ménilmontant, na altura da linha férrea periférica cuja via, a oeste da rua, ainda era a céu aberto. Foi ali, portanto, que eu morei de 1931 a 1940. Meu pai e eu convivíamos com os filhos dela, entre os quais o mais velho, Freddy, dois anos mais moço que eu. Meu pai, Freddy e eu dormíamos na sala, cada um num sofá-cama. À noite, eu tinha medo de fantasmas. Meu pai me acordava de madrugada imitando o som do clarim ou gritando "Bichano, acorda! Bichano, acorda logo!...", seguido de "Ginástica, bichano!", para me estimular a fazer alguns movimentos de educação física. No inverno, só a sala de jantar era aquecida por uma estufa. Os outros compartimentos ficavam gelados. Nós fazíamos a higiene com água fria. De manhã, eu descia a rue de Ménilmontant, tão alegre, populosa, com as calçadas orladas de carroças de vendedores de legumes e frutas, com seus dois cinemas e o seu Prisunic, onde eu ficava fascinado com uma bela vendedora de perfumes (de volta do liceu, eu sempre entrava no Prisunic e subia a escada rolante, do alto da qual podia admirá-la).

Com frequência eu ia ao número 95 da rue Sedaine, por trás da sede administrativa do 11º *arrondissement* (derradeiro reduto de resistência da Comuna), onde ficava a casa da minha avó Myriam Beressi, a quem os meus traços lembravam os de sua filha morta — "*la cara de su mama*", dizia, com lágrimas nos olhos. Ela me enchia de guloseimas: *roskitas, buñuelos, sotlatchicos*. Ela e as vizinhas conversavam ruidosamente em espanhol antigo pelas janelas do pátio, numa familiaridade absolutamente mediterrânea. Essa região da Roquette e da rue Sedaine era, no início do século XX, o ponto de imigração dos salonicenses e sefarditas do antigo Império Otomano, mas Corinne preferira deixar o bairro para viver entre os "autênticos" franceses.

Meus passeios juvenis me levavam a explorar a vizinhança da rue Sorbier, tão estranhamente poética. Dela saía uma sórdida rua curva e deserta, a rue Juillet, que ia dar na rue de la Bidassoa. Havia ali muitos espaços verdes, antigos e novos, como a praça construída sobre a parte recoberta da ferrovia periférica, na direção de Martin-Nadaud. Em compensação, na altura da rue Sorbier, do outro lado da rue de Ménilmontant, a via era descoberta, ainda havia trilhos e às vezes passava um trem. Muita vegetação selvagem brotava em torno dessa ferrovia, sobre a qual havia uma pequena ponte para pedestres; pequenos barracos, casinhas, ruas provinciais, silenciosas, insólitas, se sucediam até a direção de Belleville.

Meu impulso de explorador me levava constantemente a esse lugar insólito e desconhecido onde raramente se encontravam moradores, e eu traçava uma minuciosa cartografia do fragmento de bairro nas páginas de um caderno escolar, cedendo aos encantos estranhos dessa zona desabitada e selvagem, resíduo de aldeia ou subúrbio transformado em enclave quase morto num bairro que, à parte isso, era absolutamente cheio de vida. Para além dessas ruas caladas, a meio caminho entre Ménilmontant e Belleville, muitas vezes eu chegava até Buttes-Chaumont, outro lugar mágico, refúgio de verdura comportando um montículo que me parece artificial, tendo no topo um quiosque de onde se podia contemplar uma parte da cidade. Ali eu me sentia longe de casa, como se estivesse de férias, na montanha miniatura de outro país, e era uma das minhas *querencias*. Mais tarde, encontrando um amor, eu levava a eleita ao alto da colina, onde, depois de admirar a paisagem, nós trocávamos um primeiro beijo.

Eu estabelecera meus domínios em Ménilmontant, meio subúrbio, meio província, e que, com as salas de cinema da rua populosa, estava entre os meus refúgios, meus lugares de evasão, onde me esquivava ao controle da família.

Havia dois cinemas na rue de Ménilmontant: o Ménil, onde eram exibidos filmes franceses mais ou menos melodramáticos, e o Phénix, onde podíamos ver filmes de aventura americanos, westerns, policiais. No Phénix, os lugares baratos para espectadores juvenis ficavam exclusivamente nas cinco primeiras fileiras, mas quando as luzes se apagavam nós pulávamos para poltronas mais recuadas, sob protestos da lanterninha gorda, que chamávamos de "mulher torpedo" e que nos obrigava a voltar aos assentos dianteiros. Meu tempo livre das quintas-feiras e dos domingos era todo passado nesses cinemas; mais adiante eu ampliei meu campo cinematográfico até as salas de Pigalle e de Clichy, e mais tarde dos grandes boulevards, e foi por volta dos 17 anos que descobri o primeiro cinema de arte, o Studio 28, na rue Tholozé.

*

Ménilmontant não era apenas um bairro populoso e popular (com um ecletismo social que comportava lojistas, comerciantes e outros elementos semiaburguesados), mas também uma cultura, a cultura das relações familiares, simples e caseiras, ainda alheias aos ritos pequeno-burgueses; os vizinhos conversavam de uma janela a outra, trocavam sal, manteiga ou pão em caso de necessidade e se ajudavam. Era a cultura das cançonetas e dos bailes populares ao som do acordeão, dos filmes que então eram invariavelmente populares (a elite intelectual desprezava o cinema, "divertimento de ignorantes", segundo Georges Duhamel), como no caso da trilogia formada por *Marius*, de Marcel Pagnol, *Sous les toits de Paris* e *14 Juillet*, de René Clair. Foi lá que eu fiquei fascinado com filmes como *L'Atlantide*, de Pabst (1932), no qual a fatal Antinea, vivida por Brigitte Helm, me deixou louco de desejo, assim como a não menos fatal morena Gina Manès em *La Voie sans disque*, de Léon Poirier (1933). Na época, o sexo era censurado no cinema, mas o eros se concentrava de forma tão intensa, nos olhares e expressões, que eram muito mais envolventes, eroticamente, que a pornografia de hoje.

Eu também frequentava La Bellevilloise, antiga cooperativa comunista da qual restava apenas um cinema e que passava filmes soviéticos para fileiras de assentos quase vazias; foi lá que eu vi o *Concerto*, de Beethoven, e sobretudo *Le Chemin de la vie*, de Nicolas Ekk, que me marcou para sempre. Essa cultura cinematográfica me projetava no imaginário e ao mesmo tempo me iniciava no real.

A cultura popular de Ménilmontant ficou em mim. A Cultura maiúscula na qual vim a desembocar recobriu minha cultura popular, mas não a destruiu. De resto, eu só viria a descobrir a cultura a partir dessa cultura. Dos romances de capa e espada e de aventuras entre os índios (como os de Gustave Aimard), eu passei, *via* Paul Bourget, a Balzac, Stendhal, Anatole France e depois Tolstoi e Dostoievski. Do cinema popular fui passando quase insensivelmente para o cinema de autor e de cinemateca. Da cançoneta passei a *Num mercado persa*, de Ketèlbey, depois ao *Balé egípcio*, de Luigini, acabando por descobrir em êxtase a *Sinfonia pastoral*, o *Concerto para violino*, de Beethoven, e, finalmente, supremo deslumbramento, o primeiro movimento da *Nona Sinfonia*!

Deixei Ménilmontant há setenta anos, mas Ménilmontant ficou comigo e vive em mim.

*

Eu fiz questão de permanecer no meu Liceu Rollin, que tanto me dera medo no início, muito embora distasse nove estações de metrô de Ménilmontant. Assim como resistira a entrar, assim também, depois da morte de minha mãe, fiz absoluta questão de prosseguir nele meus estudos, embora devesse matricular-me no Liceu Voltaire. Eu me sentia estranho na minha família, e por isso mesmo à vontade no liceu. Começava a fazer amizades: o primeiro camarada no liceu chamava-se Wickers; outro, meio desagradável, abraçava-me o tempo todo dizendo "Minha mulherzinha!"; e depois, na quinta série, Henri Macé e Henri Salem tornaram-se meus melhores amigos.

De manhã e no fim da tarde eu tomava o metrô. De manhã, pegava o metrô na estação Ménilmontant, direção Porte–Dauphine, para ir para o liceu, e voltava à tarde pela estação Anvers, direção Nation.

Ao amanhecer, os vagões ficavam lotados. Muitas vezes era preciso empurrar e saber se infiltrar para conseguir entrar. Viajávamos como sardinhas em lata. Às vezes, o acaso, que eu tentava provocar, me botava bem ao lado de um traseiro comovente. Só mais tarde, com 17, 18 anos, foi que passei de vez em quando a ousar acariciar um belo rabo que provocasse em mim o arrepio cósmico. Se o traseiro não se rebelasse, nós ficávamos, durante algumas estações, em comunhão sideral, até que um dos dois corpos se desprendesse do outro, tendo chegado ao destino.

Invariavelmente eu ficava encantado com a subida do metrô até o ar livre, depois da estação Combat, acima do boulevard Jean-Jaurès, dando a volta por cima do canal Saint-Martin e depois passando aos trancos por cima dos largos desaguadouros ferroviários que saíam da Gare de l'Est e da Gare du Nord. De Jaurès a Barbès-Rochechouart, meu olhar mergulhava no boulevard de la Chapelle, onde, como diz a canção de Prévert, "há garotas belíssimas e muitos patifes", e meus olhos tentavam localizar o número 106, prostíbulo de que meus colegas falavam, mas no qual nunca vi entrar nem sair ninguém. Depois chegávamos à populosa estação Barbès, a partir da qual o metrô voltava a entrar para baixo da terra, mergulhando no túnel e parando em Anvers, onde eu descia.

Fiquei em Ménilmontant até a declaração de guerra. Meu pai e eu tínhamos deixado o apartamento de tia Corinne, mudando-nos para um de dois cômodos num prédio em frente ao dela, na rue des Plâtrières. À noite, Corinne nos levava nossa porção do seu jantar familiar. Eu ia à leiteria com a lata de leite comprar manteiga, ovos, leite fresco e, na mercearia, presunto e um vinho cor de "casca de cebola", muito apreciado pelo meu pai. Durante o dia, adolescentes brincavam na rue des Plâtrières, entre eles uma jovem beldade morena que me fascinava. Eu passava a passo lento diante dela lendo um livro fino, o que me valeu o apelido de "Livrinho"; certa vez, ofereci-lhe um pequeno poema que não lhe causou qualquer efeito.

Chegando à adolescência e deixando o regime de semi-internato, eu passeava às vezes pela colina de Montmartre com meu colega Salem, e depois da saída do meio-dia acompanhava outro colega, Macé, até Clichy, pelos boulevards externos (ele morava na estação La Fourche), e com a mesma frequência ele me acompanhava até Anvers. Não me lembro mais do teor de nossas intermináveis conversas.

*

O Liceu Rollin, rebatizado Jacques-Decour depois da guerra, em homenagem a um professor de alemão comunista fuzilado pelos nazistas, era um prédio pesadão, parecendo por fora uma caserna e ocupando todo o espaço compreendido entre a avenue Trudaine, a rue Bochart-de-Saron, o boulevard de Rochechouart e a praça Anvers. Ao passo que em casa eu me sentia cada vez mais um estranho, o Liceu Rollin tinha-se tornado minha *home*. Era um lugar de diversidade social, especialmente a partir do início do ensino secundário. Nele estudavam os filhos das famílias burguesas ou pequeno-burguesas do bairro, meninos provenientes dos subúrbios vizinhos pela Gare du Nord e a Gare de l'Est, cinco ou seis judeus por turma, de origens diversas (alsacianos, provençais, asquenazes poloneses, filhos de sefarditas do Oriente, como eu). Não havia segregação entre os alunos, as amizades se faziam em função das afinidades, de algum não-sei-quê, e não em função da classe social. E assim fiquei muito amigo de Henri Luce, cuja família era de direita, de Henri Macé, filho de um policial socialista, de Henri Salem, cujos pais vendiam roupas no mercado de pulgas, de Chanforan, menino bem-educado de origem protestante.

Morando num bairro afastado, entrei em regime de semi-internato, e, revoltado com a comida que nos serviam, eu me divertia examinando-a na lupa, até que o superintendente-geral me desse um cascudo com seu anel. E depois passava uma hora de recreio bem tristonho, sozinho, pois meus melhores amigos não estavam em semi-internato. Fui então liberado da cantina, e agora podia passar por Montmartre ou ir de ônibus ao encontro do meu pai para almoçar, às vezes no restaurante grego Athènes, com frequência no Coq Héron, numa mesa à qual se sentavam dois empregados dos correios, um bancário, uma vovó maternal demais para o meu gosto. Era uma pequena comunidade de comensais que comentava os acontecimentos dessa época conturbada (guerra civil espanhola, anexações nazistas, Frente Popular, depois a crise da Frente Popular etc.). Eu gostava do Sr. Sabouret, cristão de esquerda, e do outro empregado dos correios, um socialista, cujo nome esqueci.

Com os anos, fui-me sentindo cada vez mais em casa no Liceu Rollin. Nunca fui alvo de insultos antissemitas, exceto no dia em que, tendo recebido um castigo de quatro horas do meu professor de ginástica, respondi, imitando o que ouvia na loja do meu pai: "Não pode dar um desconto de 50 por cento, senhor?", e então o ouvi resmungar: "Rue d'Aboukir..."

Eu gostava muito de professores como Hugonin, em História, e, em Letras, Louis Rolland (pai do meu futuro amigo Jacques-Francis Rolland), Jean Charbonnel e Truffaut (cujo prenome esqueci), que ensinava no segundo ano do segundo grau. Nas classes que me aborreciam, eu mantinha um romance aberto sobre os joelhos, por baixo da carteira, invisível aos professores, e foi assim que li Balzac, Stendhal, Flaubert e outros.

*

Meu pai tinha no número 52 da rue d'Aboukir uma loja de meias, entre os inúmeros estabelecimentos atacadistas em grande parte controlados, na época, por judeu-espanhóis provenientes de Salônica, Istambul ou Izmir. A rue d'Aboukir era extremamente mediterrânea, com as mercadorias amontoadas sem elegância nas vitrines e a ruidosa comunicação entre vizinhos que falavam espanhol antigo: *¿Que haber? ¿Que tal?* Meu tio Édouard Mosseri, dono de uma modesta vendinha, gritava a toda hora: *Raï Adonaï!* Um longo balcão vergado ao peso de caixas ou embrulhos de meias ocupava toda a extensão da loja do meu pai. No fundo, em seu pequeno escritório aberto, via-se a máquina de escrever. Nos encontros com clientes, comerciantes, donos de pequenos armarinhos do interior, as barganhas eram intermináveis, podendo acabar de repente numa solução intermediária entre o preço de venda e o preço de compra, que no início pareciam irreconciliáveis.

Meu pai tinha um empregado fiel, Wahram, marido de nossa empregada, Macrue, que ainda menina tomava conta de mim à noite

— quando meus pais saíam — ou me levava à praça. Eles faziam parte da colônia armênia de Alfortville. Lá se encontrava também, imóvel, como que mantido à parte, o cunhado do meu pai, marido de sua irmã Henriette, que adiantara certo valor para comprar a loja e recebia sua parte do lucro, mas sem nada fazer, pois meu pai não confiava nele.

Meu pai queria que às quintas-feiras, dia de folga, eu fosse à loja, supostamente para ajudá-lo, mas na verdade para que adquirisse gosto pelo comércio, pois durante muito tempo ele acalentou o sonho de que, adulto, eu me associasse a ele na firma "Vidal Nahoum & Filho". Mas o aspecto desmoralizante das barganhas, somado ao tédio da contemplação das meias, não demorou a me tornar avesso ao negócio, que aos meus olhos de criança só podia ser um roubo, pois meu pai vendia uma mercadoria a preço superior ao preço de compra, sem ter tido qualquer participação em sua produção.

Desde então, todo esse mundinho de língua espanhola procedente do Oriente se dispersou, quando não foi massacrado nos campos nazistas. Durante a Ocupação, a loja do meu pai foi confiscada, indo dar nas mãos de um gestor provisório "ariano". Hoje, os falsos "sefarditas" da África do Norte tomaram o lugar dos sefarditas de origem ibérica vindos do Oriente.

*

Como aos 13 anos eu começasse a frequentar os cinemas dos grandes boulevards, como o imponente Rex, descobri o prazer de flanar por essas avenidas. Eu me detinha diante das vitrines das livrarias em busca de romances. Gostava da animação reinante nas calçadas largas, admirava a porta Saint-Denis e a porta Saint-Martin, que me pareciam ter caído na capital de uma mão celeste, mas, sobretudo (sem saber que os surrealistas já a tinham descoberto), adorava a poesia da passagem Verdeau e da passagem do Panorama, vias de pedestres cobertas e cheias de vitrines curiosas, entre as quais a de um sebo cujos livros folheava. Só mais tarde a canção cantada por Yves Montand expressaria o que eu sentia então: "*J'aime flâner sur les grands boulevards / Y a tant de choses, tant de choses à voir...*"* Com efeito, a vitalidade da capital se revelava plenamente nessas artérias que iam da République à Madeleine, inicialmente populares, depois progressivamente se aburguesando, mas sempre com uma densidade humana e uma rara diversidade de idades e classes. Ela também se manifestava, embora de outra maneira, na parte dos boulevards externos que partiam de Barbès e chegavam à praça de Clichy. Também aí, a via pública começava em diapasão popular e vinha a se transformar numa passagem por lugares de prazeres e desejos ao se aproximar de Pigalle até a praça Blanche. Ainda não havia sex-shops, mas lojas voltadas para o eros, com os pequenos cinemas então conhecidos como "*cochons*":** mediante uma moeda, era possível colar os olhos em duas aberturas numa espécie de caixa que permitia ver um curto filme maroto. Guardo uma lembrança comovida de um deles: numa alcova, uma mulher levanta-se, veste-se, prepara-se para sair; um homem a intercepta, arrasta-a para longe da porta e a joga na cama, levanta-lhe a saia e lhe aplica palmadas nas belas nádegas nuas; a mulher rebelde torna-se passiva, deixa-se despir e se entrega ao amplexo do homem... Fiquei estupefato, tirando os olhos do binóculo, ao dar com meu professor de inglês vendo o filme ao lado...

No fim das contas, era sobretudo a sensação de ser uma espécie de átomo, entre uma infinidade de outros, no fluxo e refluxo dos pedestres, que me fazia apreciar tanto os grandes boulevards e os boulevards externos. Como já disse, se eu percorria estes na companhia de meu colega Macé ao sair do liceu, era sozinho e para meu prazer pessoal que perambulava pelos grandes boulevards.

---

* "Eu gosto de flanar nos grandes boulevards / É tanta coisa, tanta coisa para ver..." (N. T.)
** Pornôs. (N. T.)

MINHA PARIS, MINHA MEMÓRIA

*

A Paris dessa época ainda era sulcada por muitos bondes de dois vagões, sendo o segundo, no verão, oferecido a todos os ventos, apenas coberto por um teto. Não sei quando foi que começaram a ser substituídos por ônibus. Não havia edifícios, prédios altos e envidraçados, torres como as da Défense; a Gare Montparnasse ficava onde existe hoje a praça du Dix-huit-Juin, na qual pontifica nossa torrezinha grande demais.

Os vidraceiros passavam pelas ruas gritando "Vi-dra-cei-ro", e da mesma forma os amoladores apregoavam "Amolador!" Cantores se esgoelavam nos pátios das construções, de cujas janelas eram jogadas moedas. Ainda havia cantores de rua vendendo as partituras do seu repertório. Piaf foi uma dessas cantoras de rua, descoberta pelo dono de uma boate de Pigalle. Havia também cuspidores de fogo, fortões levantando pesados halteres sob aplausos dos basbaques. Havia pregoeiros por trás de suas pequenas bancas, desfiando longos discursos para em seguida finalmente exaltar as qualidades de seus produtos, que não vendiam por dez francos, nem por oito francos ou cinco francos, mas dois por quatro ou três francos! Imediatamente um cupincha fingia estar comprando para animar os clientes.

Os parisienses eram um bom público, detendo-se em qualquer ajuntamento, fazendo um círculo ao menor incidente, discutindo e comentando.

Por toda parte havia mictórios de formas diferentes: uns redondos, outros ovais, outros ainda com dois lugares, nos quais os parisienses do sexo masculino podiam facilmente se aliviar. Mesmo nos bistrôs os banheiros ficavam abertos, sem chave nem moeda a ser pedida no balcão.

Restavam ainda algumas fontes Wallace de água potável com canecas para matar a sede.

Nada de fast-food, nada de pizzarias, nada de McDonald's, muitos pequenos bistrôs (que sobreviveram) e restaurantes populares (como o Bouillon Chartier). Nada de sacos plásticos para carregar as compras, cada dona de casa tinha seu cesto ou sua sacola para as provisões. As frutas não eram pesadas, eram "da estação". Não havia tomates no inverno. O pão dormido não era jogado fora.

Paris era bipolarizada: burguesa a oeste, popular a leste, mas a segregação só viria a se impor bem mais tarde, com os supostos "Trinta Gloriosos";* havia diversidade social por toda parte (os quartos em sótãos para gente de condição modesta se transformaram em um século em apartamentos *bourgeois bohème*). Os primeiros Prisunic já tinham surgido, mas em toda parte podia ser encontrado um comércio de proximidade, açougues, charcutarias, padarias, drogarias, lojas de ferragens; as leiterias tinham seu balde de leite, uma grande concha calibrada vertia um litro na nossa lata de leite matinal; a manteiga era sempre vendida numa bola com seu arame; os carvoeiros vendiam carvão de lenha; nas habitações, o aquecimento provinha de salamandras, fogões à lenha funcionando com fardos ou aglomerados de carvão. Os alimentos eram conservados numa despensa gradeada embutida na parte externa da janela da cozinha; os congeladores não eram conhecidos. Em épocas de grande calor, compravam-se cubos de gelo que eram partidos em pedaços. As abluções matinais eram feitas com água fria. Banheiras e duchas eram raras (nós tínhamos duchas municipais perto de casa, na rue de la Bidassoa).

Os prédios tinham seu concierge, que muitas vezes levava a correspondência aos apartamentos. No fim de tarde ou à noite, para sair, era preciso gritar, ao passar diante do seu cubículo: "Cordão, por favor?", para que fosse aberta a porta que dava para a rua. Quem estivesse voltando para casa tocava a campainha nessa porta, esperava o estalo e ao passar diante do cubículo gritava o nome de família. Não havia senhas digitais.

---

* Os assim chamados trinta gloriosos anos de crescimento econômico posteriores à Segunda Guerra Mundial. (N. T.)

As faixas de pedestres devem ter começado a surgir no fim desse período. Como o trânsito era moderado, podia-se atravessar tranquilamente ruas e boulevards. Eu gosto ainda hoje de atravessar fora dessas faixas, às vezes toureando com um carro que avança em minha direção e do qual me esquivo com um movimento ágil e, espero, elegante.

Poluição: palavra desconhecida. Muitas ruas ainda eram pavimentadas com paralelepípedos, e por elas passavam carros de entrega puxados a cavalo. O animal fazia na pavimentação as suas necessidades (aproveitadas como esterco) e às vezes ostentava um espantoso membro gigante.

Nos cafés, os velhotes passavam horas diante de uma única consumação, jogando damas, gamão ou baralho. As pessoas conversavam no metrô, nos ônibus, nas filas de cinema ou das lojas. Paris não era apressada nem estressada.

Ao redor de Paris, ao longo dos boulevards externos, estendia-se a "Zona", cinturão de favelas onde se instalavam imigrantes, entre eles os espanhóis, e talvez já norte-africanos.

As festas de bairro do 14 de Julho sobreviveram, mas na época reinavam o acordeão *musette* e as melodias corsas de Tino Rossi.

Ainda tinham curso as queixas melodramáticas de atrizes trágicas populares, como Damia, Fréhel, Lys Gauty, mas elas foram destronadas na década de 1930 com a chegada de Piaf, Trenet e Maurice Chevalier, este voltando de Hollywood, a própria encarnação do parisiense no ar zombeteiro de suas canções. Eu fiquei maravilhado com a violência das primeiras composições de Prévert e Kosma cantadas por Marianne Oswald. Ia ouvi-la no L'Européen, onde ela era mais vaiada que aplaudida.

*

Até completar 13 anos, eu vivi meio isolado do resto do mundo. Embora o cinéfago que eu era descobrisse toda semana as Atualidades filmadas, mostrando a chegada de Hitler ao poder, a nazificação da

Alemanha, os grandes desfiles na Praça Vermelha em Moscou etc., nada disso me impressionava realmente, e, como a maioria dos colegas de geração, eu estava "fora da política".

A política irrompeu no nosso liceu em 1934, depois da quase revolta sangrenta de 6 de fevereiro e da reação, dias depois, das manifestações da "frente comum", que ainda não era popular. Imediatamente nossa turma se dividiu, tendo de um lado os partidários da Cruz de Ferro e das milícias de direita e, do outro, comunistas e socialistas, cada qual provavelmente refletindo a opinião dos pais. Meu amigo Henri Macé, militante da Juventude Socialista, quis me arrastar para o "antifascismo", mas eu, leitor de Anatole France, me achava superior a toda essa agitação, considerando ridículas as convicções de uns e de outros. Meu outro amigo, Henri Salem, dizia-se anarquista, e à sua maneira também ficava acima da refrega.

Dois anos depois, o grande sopro de entusiasmo de junho de 1936 me transportou. Que aqueles que viveram Maio de 68 imaginem um Maio adulto, coletivo! Todo mundo se falava, discutia nas ruas. Os oponentes ostentavam suas condecorações de guerra: "Eu, meu senhor, ganhei a Medalha Militar!", "E eu, meu senhor, estive em Verdun!", e cada qual esfregava sua carteirinha de ex-combatente no nariz do outro. A greve não estourava apenas nas fábricas de subúrbio, atingindo também as lojas de departamentos, Galeries Lafayette ou Printemps, ante as quais as vendedoras explicavam suas reivindicações aos passantes. A cidade era uma festa, e eu estava impregnado da mesma alegria.

A greve cessou, a poesia desapareceu, voltou a hora da prosa. Uma espantosa prefiguração da fase decisiva da Segunda Guerra Mundial manifestou-se durante a Exposição Universal de 1937 na colina de Chaillot, onde foi erguido o palácio tendo no frontão as frases sábias de Paul Valéry. Pudemos ver face a face dois pavilhões gigantescos, um alemão, tendo no alto a águia com a cruz gamada, e o outro soviético, com a imagem de um casal de operários brandindo a foice e o martelo.

Nesse período anterior à guerra, eu já me politizara plenamente. Mas como encontrar *a* verdade política? Eu era sensível aos argumentos mais contraditórios: a necessidade de uma revolução generalizada, mas também de reformas progressivas num contexto nacional. Sempre tive o sentimento pascaliano de que o oposto de uma verdade é outra verdade. Sempre tive o sentimento complexo de que uma verdade parcial é um erro, sendo necessário buscar uma verdade complexa. Isto, naturalmente, sem ter consciência da problemática da complexidade que se me apresentou bem mais tarde, mas que se apresentou porque correspondia à minha própria tendência.

Nessa época, para muitos, a democracia parlamentar estava desmoralizada depois do escândalo Stavisky e da incapacidade dos dirigentes de superar a crise econômica. O capitalismo, responsável pela crise, devia ser controlado, regulamentado, suprimido? As duas soluções, fascismo nazista e comunismo stalinista, deviam ser rejeitadas, mas alguns, considerando que o principal perigo era comunista, aderiam ao fascismo, enquanto outros, achando que o perigo principal era fascista, aderiam ao comunismo.

Quanto a mim, o conhecimento dos textos trotskistas e anarquistas, a leitura de Boris Souvarine, o interesse por *Essais et Combats*, periódico da Juventude Socialista, ao mesmo tempo revolucionário e antistalinista, na linha de Marceau Pivert, e a leitura, que veio a se tornar regular, de *La Flèche* e do *Canard enchaîné* logo acabariam de me convencer de que os processos de Moscou eram contrafações e constituíam comédias nojentas que, como o culto a Stalin, me levavam a rejeitar radicalmente o comunismo soviético. Assim, em 1937, eu queria juntar a ideia frontista de Bergery com uma necessária luta em duas frentes, contra o fascismo e contra o comunismo, por uma França socialmente reformada.

Eu lia todos os autores e publicações que preconizavam uma terceira via: *Esprit*, Aron-Dandieu, os *Nouveaux cahiers*. Para mim, o "frontismo" de fato encarnava a terceira via. Ela satisfazia meu espírito, já inconscientemente em busca de uma verdade complexa. De modo que eu era sensível à sóbria racionalidade do discurso de Bergery. Mas essa tentativa foi morta no nascedouro, uma vez ocupada a França.

Nós íamos sonambulamente para a guerra. Paris aplaudiu a volta triunfal de Munique do presidente do Conselho, Édouard Daladier, que na verdade acabava de entregar a Tchecoslováquia ao chanceler do Reich.

Embora eu tivesse consciência de que a Espanha republicana encerrava em suas fileiras trágicos antagonismos, a notícia da queda de Barcelona, ao ler *France-Soir*, me inundou de lágrimas. Meu primeiro ato político, dois anos antes, fora participar da preparação de pacotes postais para os anarquistas espanhóis na SIA (Solidariedade Internacional Antifascista).

*

Eu passei no meu segundo exame vestibular do *baccalauréat* (Filosofia) em junho de 1939, e me matriculei na Sorbonne em Filosofia e História, na Faculdade de Direito, para me iniciar na Ciência Econômica e, finalmente, em Sciences-Po, onde me escrevi na PMS (Preparação Militar Superior).

Minha entrada para a vida estudantil coincide com o início das hostilidades. Hitler invadiu a Polônia a 1º de setembro de 1939; a França e a Inglaterra declaram-lhe guerra sem chegar a fazê-la.

Eu ganho então uma semiliberdade: meu pai é mobilizado. Penso em me instalar na Cidade Universitária, mas meu pai insiste em que eu vá morar na casa de sua irmã, minha tia Henriette, na rue Demours, num 17º *arrondissement* de que nunca gostei.

Mas eu passo o dia no Quartier Latin. Na época, era um bairro realmente estudantil. O Boul' Mich'* tinha muitas livrarias para estudantes,

---

* Boulevard Saint-Michel. (N. T.)

lojas vendendo cópias das aulas dos professores. Havia grandes cafés como o Mahieu, tendo no primeiro andar uma sala onde os estudantes gostavam de estudar, ler, copiar anotações. O inenarrável Ferdinand Lop fazia na calçada seus discursos eleitorais, propondo o prolongamento do boulevard Saint-Michel até o mar com fieiras de mictórios. Nos anfiteatros onde assistimos às aulas, eu fico estupefato com a desenvoltura dos estudantes que conversam ou deixam a sala em plena aula. Frequento a Biblioteca Sainte-Geneviève, ao mesmo tempo tão animada e tão estudiosa, e da qual me torno fervoroso *habitué*. Às vezes, faço minhas refeições no restaurante grego Athènes da rue Serpente, tão apreciado pelo meu pai. Faço amizade com Georges Delboy, estudante como eu e que, também como eu, se inscreveu nos Estudantes Frontistas, do pequeno partido de Gaston Bergery, cujo lema é lutar em duas frentes — contra o fascismo e contra o comunismo stalinista —, mas que se posiciona contra a entrada da França num conflito que considerava desde logo perdido. Os estudantes frontistas se encontravam no subsolo do café da praça do Odéon. Delboy me iniciou no marxismo, no qual por sua vez fora iniciado por seu professor de Filosofia, Maublanc.

Até junho de 1940, foi aquela "guerra de araque". Praticamente não havia hostilidades na frente germano-francesa desde a derrocada da Polônia e seu desmembramento entre a Alemanha e a União Soviética. Alguns parisienses já tinham fugido da capital no momento da declaração de guerra, mas depois, como a cidade se mostrasse tranquila como sempre, em grande parte haviam retornado. As autoridades distribuíram máscaras de gás aos parisienses, que se deslocavam, levando-as numa caixa a tiracolo. De vez em quando, um falso alarme aéreo fazia Paris precipitar-se nos porões ou nas estações do metrô, que não funcionava. A guerra de araque nada mais é que uma paz de araque, e Paris acostuma-se a ela, como se devesse durar para sempre.

Eu também frequento um colega de liceu, Lalet, que é comunista. Seu partido foi dissolvido após a assinatura do pacto germano-soviético que antecedeu a invasão da Polônia. Entretanto, por diferentes razões, ambos somos contrários a essa guerra, e eu gosto de perambular pelo Quartier Latin em companhia desse amável camarada; não podíamos imaginar então que ele seria fuzilado pelos nazistas como um dos reféns de Chateaubriand, a 22 de outubro de 1941

De repente, tudo se anima: a Alemanha invade a Noruega em abril de 1940, e depois de uma batalha naval a Inglaterra e a França ocupam a cidade de Narvik e afirmam ter com isso "barrado a rota permanente do ferro para a Alemanha" (entretanto, advertia Bergery, a rota que não era permanente de modo algum tinha sido cortada!). O corpo expedicionário francês fica bloqueado em Narvik. Tudo acontece tão longe, no Norte, que Paris não chega a se abalar.

Mas eis que, a 10 de maio, somos sacudidos por um alerta matinal e ouvimos alguns tiros da defesa aérea. E então a capital toma conhecimento, perplexa, de que uma formidável ofensiva alemã avança sobre a Holanda, a Bélgica, Luxemburgo. Já no dia 14, a frente francesa é atravessada em Sedan, as tropas enviadas à Bélgica são cercadas em Dunquerque, as tentativas de reconstrução de uma linha de defesa são neutralizadas umas após as outras. A 8 de junho, com suas últimas defesas desarticuladas, Paris começa a ser esvaziada de seus habitantes, até 13 de junho, quando nela penetram as tropas alemãs.

Eu me sentia cada vez mais angustiado, mas nem por isso deixava de continuar me preparando para os exames de História e Direito. Creio que foi no dia 9 que ouvi no rádio que as provas universitárias em Paris estavam suspensas. Já no dia seguinte, tomo o último trem para Toulouse. E é lá que sou informado do armistício a 22 de junho, só indiretamente tomando conhecimento do apelo lançado a 18 de junho por de Gaulle.

*

Como eu desfrutei de Paris entre os 15 e os 19 anos!

A música! Assim que descobri no rádio a *Sinfonia pastoral*, passei a ir semanalmente ao concerto. Sábado de manhã, ensaio geral dos Concertos do Conservatório, sob a regência de Charles Munch; domingo, no meio da tarde, Concertos Colonne, no Châtelet, dirigidos por Paul Paray, ou então Concertos Lamoureux, na Salle Gaveau, sob a direção de Eugène Bigot, que regia a orquestra empoleirado num banquinho alto. Foi então que eu tive a mais forte emoção estética da minha vida: eu estava entre os espectadores de pé, nas galerias, a *Nona Sinfonia* começou num frêmito primordial do qual partiam apelos débeis que iam aumentando, e de repente uma gênese se afirmou com uma força incrível, ao mesmo tempo exaltante e aterrorizante. Meus cabelos se eriçaram, senti um êxtase indescritível, até então desconhecido, e entendi que tinha encontrado a minha indizível Verdade.

Na tarde de domingo, no Châtelet, eu estava entre os primeiros que chegavam para formar fila no guichê, e de posse da entrada subia correndo as escadas até a torrinha, para ficar na primeira fileira. Foi ali que conheci um estudante muito culto, muito simpático, que me disse chamar-se Jean Dutourd.

Anos de música, volúpia dos concertos, eu sabia de cor movimentos de sinfonias, tocava-os imitando com a voz os instrumentos, e fazia particularmente bem a trompa, como no toque de *Don Juan*, de Richard Strauss.

Também ia à noite à Opéra Comique para *Carmen, Mireille, Lakmé, Manon, O barbeiro de Sevilha*, e naturalmente comprava os discos de minhas obras favoritas, entre elas (as árias das óperas estrangeiras eram então sistematicamente traduzidas e cantadas em francês) a inesquecível ária da espera de *Madama Butterfly*.

Transformado em cinéfilo, eu consulto os programas e frequento os cinemas que projetam os filmes que desejo ver, entre eles o primeiro cinema de arte, o Studio 28, na rue Tholozé. Além dos filmes que me marcaram mais que todos, os de Pabst e Fritz Lang, ou filmes como

À nous la liberté, 14 Juillet, Sous les toits de Paris, de René Clair, também vou ver no lançamento os filmes de Renoir, entre eles *Le Crime de monsieur Lange*, de Duvivier, *Pépé le Moko, La Belle Équipe*, de Carné, como *Quai des brumes* e *Le jour se lève*. Eu já tinha visto o primeiro filme de Michèle Morgan, *Gribouille*, e escrevera à jovem estrela para lhe assegurar o meu desejo de protegê-la. Revi várias vezes a trilogia *Marius*, de Pagnol, assim como *A ópera dos três vinténs*.

Foi mais na faixa dos 17-18 anos que descobri o teatro, guardando na memória Georges Pitoëff em *A gaivota*, de Tchekhov, assim como *La Terre est ronde*, de Armand Salacrou, montada no Atelier.

Eu ia com frequência ao Museu do Louvre, onde o que me fazia voltar era a pintura italiana do Renascimento, mas também e sobretudo aquela pequena estátua que parecia feita de pano, debaixo de uma redoma de vidro: a dançarina de Degas. Essa dançarina me arrancava das entranhas uma emoção sem igual. Jogava os braços e a cabeça para trás, como que se oferecendo, numa pose que parecia ao mesmo tempo de êxtase e sofrimento. Seria acaso Eros que ela provocava em mim? Ou algo ainda mais profundo e misterioso? Encontrei há alguns anos uma foto da pequena dançarina e a pendurei na parede do meu escritório, sempre guardando o mesmo imperecível fascínio.

Nesse período, estava constantemente me nutrindo de literatura, nela descobrindo minhas verdades primordiais e contraditórias com Montaigne e Anatole France, por um lado, e, por outro, Tolstoi e Dostoievski. Gostava de frequentar livrarias, escolher um livro numa prateleira e, uma vez comprado, separar as páginas com o corta-papéis.

Assim foi durante o meu ano na Sorbonne, e depois a coisa chegou a se ampliar, até que o anúncio da suspensão dos exames, no início de junho de 1940, me fizesse partir para Toulouse. Decerto foi uma ruptura, mas o elã adquirido em Paris teve prosseguimento, inicialmente nas óperas e concertos do Capitólio de Toulouse e depois em Lyon.

II

Paris durante a Ocupação
1943-1944

Até outubro de 1942, eu sou um estudante em Toulouse e depois em Lyon. Entrei para a Resistência em Toulouse no início de 1942, continuei em Lyon com meus amigos Jacques-Francis Rolland e Victor Henri, depois mergulhamos juntos numa clandestinidade total, tornando-nos "permanentes". Várias adversidades me obrigaram a retornar a Toulouse, onde fundei a seção regional do MRPGD.[1] Os dirigentes dos movimentos de resistência da Zona Sul haviam se instalado em Paris depois da ocupação total da França, a 11 de novembro de 1942, e a necessidade de estabelecer uma ligação com a capital, juntamente com meu desejo cada vez mais forte de voltar, determinou minha primeira viagem Toulouse-Paris, creio que no outono de 1943.

Voltei como militante da Resistência, pela primeira vez com identidade falsa: a de Gaston Poncet (um prisioneiro de guerra de 28 anos ainda detido na Alemanha), que me permitiu passar sem problemas pelas barreiras alemãs.

Tomei o trem noturno depois que uma voz cantante, tipicamente toulousina, recitou pelo alto-falante, como se fossem as palavras de uma ladainha sagrada, fazendo pausa entre cada nome de cidade: "Passageiros para Montauban, Brive, Cahors, Limoges, La Souterraine, Châteauroux, Vierzon, Orléans, Paris, no vagão!"

---

[1] Movimento de Resistência dos Prisioneiros de Guerra e Deportados

Pela janela do corredor, na madrugada cinzenta, eu esperava ver surgir a poesia da minha Paris, mas via apenas casinhas, acampamentos, fábricas, prédios tristes. Depois, uma proliferação de linhas férreas e comboios imóveis indicou que a chegada à capital estava perto.

Uma das minhas missões nessa primeira viagem era das mais particulares: nós havíamos preparado pacotes de doces, mel, bolos secos etc., para os prisioneiros de guerra franceses na Alemanha, e tínhamos introduzido entre as guloseimas panfletos exortando a sabotar a máquina de guerra alemã e a fugir, além de um jornalzinho de oito páginas com informações sobre a Resistência francesa e os avanços dos exércitos aliados. Para expedir maciçamente esses pacotes, precisávamos da cobertura oficial de uma associação humanitária para prisioneiros de guerra patrocinada por importantes personalidades intelectuais, e eu ia a Paris para entrar em contato com Jean Paulhan da parte de Clara Malraux, para que me ajudasse a formar um comitê de patrocínio dessa associação. Atendendo ao meu telefonema, Paulhan convidou-me a ir ao seu escritório na editora Gallimard, recomendando que entrasse sem me fazer anunciar. Eu entendi por quê: ao longo da escada que conduzia ao seu escritório, uma fila de autores e solicitantes se formava. Por sinal, havia um jovem no escritório, e Paulhan fez-me sinal para entrar ao mesmo tempo em que dizia ao candidato a escritor: "O seu volumoso manuscrito de quinhentas páginas é interessante, mas será necessário cortar trezentas. Vou devolvê-lo..." E começou a procurar, no escritório apinhado de coisas. "Ali, ali, mestre", fez o jovem autor, desconcertado, recuperando seu bem. Paulhan imediatamente o dispensou.

Minha ideia de uma associação lhe agradou, e ele me pôs em contato com Armand Hoog, autor da Gallimard e por sua vez ex-prisioneiro.

A coisa estava bem encaminhada quando a direção do Movimento comunicou que não estava mais interessada nessa remessa de pacotes, embora eu já me preparasse para voltar a me instalar pouco depois em Paris, e tive então de desistir.

A vontade de voltar para valer para Paris tornou-se irresistível. Eu então negocio a transferência a meu colega Strickler da responsabilidade pela zona toulousina do MRPGD, participo das negociações que levariam à união de três movimentos de resistência sob a sigla MNGD, introduzindo na fusão um suposto Movimento de Prisioneiros da Frente Nacional (controlada pelo Partido Comunista), que na verdade comporta apenas os poucos membros do partido incumbidos das questões dos prisioneiros e deportados e suas famílias. Em seguida, consigo ser designado um dos três dirigentes do movimento assim criado na região parisiense, juntamente com Georges Beauchamp (mitterrandista) e Pierre Bugeaud (comunista). Como eu preciso de um adjunto, Beauchamp diz-me: "Vou-lhe dar um belo presente", e de fato foi um dos mais belos da minha vida: ele escolheu como meu adjunto Dionys Mascolo, que já em nosso primeiro encontro despertou em mim amizade à primeira vista.

*

Paris está meio vazia, pois muitos parisienses continuam refugiados em cidades do interior ou no campo. O trânsito é reduzido: automóveis a gás, velotáxis, veículos militares alemães, trações dianteiras negras da Gestapo.

Sobretudo no Centro, as ruas estão cheias de letreiros e placas em alemão. Grandes hotéis são militarizados e burocratizados com o símbolo da cruz gamada. Cervejarias dos Champs-Élysées são transformadas em *Soldatenheim*. Nas bancas, são vendidos o *Pariser Zeitung* e os diários franceses ligados à colaboração. Uniformes verde-oliva pululam nos Champs-Élysées, nos grandes boulevards, em Pigalle e Clichy. Com eles, as mulheres que os parisienses chamam de "ratazanas cinzentas".

Batidas e controles de identidade, seja por parte de policiais franceses, seja pela Feldgendarmerie ou pelos gestapistas, são frequentes no metrô, em plena rua, muitas vezes pela fisionomia.

As restrições pesam na capital muito mais que nas cidades da Zona Sul. As padarias e os açougues estão quase sempre vazios e, quando aparecem algum pão ou alguma carne, formam-se longas filas. Os confeitos são artificiais, sem creme, sem leite, sem farinha. A França ainda é majoritariamente rural, formada por pequenos e médios camponeses que praticam a policultura e a pequena criação. Desse modo, os cidadãos urbanos, especialmente na Zona Sul, são abastecidos por diferentes canais: de parentes, conhecidos, amigos, comerciantes. Certas donas de casa podem conseguir manteiga e ovos na casa da costureira, que tem parentes agricultores. Em Lyon, assim, meu pai levou alguns meses de vida boa na casa de sua amiga cabeleireira, a Sra. Blanc, sendo privado dessa abundância quando sua anterior amante, desesperada, telefonou ameaçando suicidar-se. Em Paris, também existem, apesar de mais limitadas, fontes de alimentação entre parentes e conhecidos, além de certos estratagemas e jeitinhos, mas muitos parisienses têm uma ração cotidiana reduzida ao que pode ser conseguido com os tíquetes de alimentação. Em compensação, aqueles que dispõem de recursos passam bem nos restaurantes do mercado negro.

Eu conheci Violette quando estudava em Toulouse, e ela me acompanhou nas atividades de resistência. No nosso caso, a amizade com May Picqueray nos rende uma abundância de cartões de alimentação, pão, carne, gorduras. May era uma mulherzinha sorridente e cordial que fazia parte dos "*anars*", os anarquistas. Os libertários não eram filiados à Resistência: para eles, ela era burguesa ou stalinista, e de qualquer maneira dada a patriotadas. Internacionalistas, eles resistiam à sua maneira, preservando sua autonomia intelectual, sempre dispostos a ajudar não libertários ameaçados ou perseguidos, e sobretudo formando uma fraterna rede de solidariedade. Um deles, que trabalhava numa administração regional de subúrbio, mensalmente subtraía pilhas de cartões de alimentação para os companheiros e amigos. Nós os recebíamos de May, o que nos permitia dispor fartamente dos alimentos essenciais. (Essa mulher extraordinária — alguns livros a seu respeito seriam publicados mais tarde[2] — manifestara suas convicções internacionalistas fazendo três filhos: um de um negro, outro de um indígena da América e o terceiro de um judeu.) De nossa parte, distribuíamos cartões de alimentação aos clandestinos e ilegais que não tinham oficialmente direito de recebê-los.

*

Nessa Paris sinistra sob o peso da Ocupação, perpetua-se uma vida brilhante no teatro, no cinema, na literatura. Os autores judeus desapareceram das livrarias e dos créditos dos filmes, mas tanto no cinema quanto no teatro alguns judeus trabalham clandestinamente. Violette e eu vamos ver *Le Soulier de Satin*, de Claudel, na Comédie-Française, *Antígona*, de Anouilh, *As Moscas*, de Sartre, admiramos o desempenho de Gérard Philipe no papel do Anjo em *Sodoma e Gomorra*, de Jean Giraudoux, em 1943. Vemos esplêndidos filmes franceses de Carné, Grémillon, Clouzot. Lemos *O mito de Sísifo* de Camus em 1942, *O ser e o nada* de Sartre em 1943, as obras de Georges Bataille.

Quando tenho oportunidade, vou à Sorbonne assistir às magníficas aulas de Gaston Bachelard e ao curso sobre a Revolução do meu mestre Georges Lefebvre, que nos diz, entre outras coisas: "Robespierre hoje em dia poderia muito bem ser comunista." Levamos uma vida subterrânea, e quando saímos à luz do dia é como a linha de metrô que passa pela superfície para logo em seguida mergulhar de novo em seu túnel.

---

[2] Cf. em especial *May Picqueray, 1898-1983. Une mémoire du mouvement anarchiste*, de Olivia Gomolinski, CRHMSS, 1994. E *May la réfractaire*, de May Picqueray, prefácio de B. Thomas, Les Éditions libertaires, 1979.

É verdade que há restrições, mas a mensalidade que nos chega de Londres permite-nos conhecer os bistrôs "mercado negro", especialmente os *beaujolais* da rue des Fossés-Saint-Bernard, das margens do Sena, e depois o Pierre, na rue de Richelieu, antigo reduto dos radicais e maçons da praça de Valois. Se em Toulouse e Lyon minha alimentação era das mais parcimoniosas, pois na adolescência eu não gostava de gordura, agora eu devoro deliciado patês, chouriços e saboreio a gordura de presunto que antes da guerra descartava com repugnância. Um vendedor de bíblias de olhar alucinado assombra muitas vezes esses restaurantes "mercado negro", exortando à "vida eterna"; ficaríamos sabendo mais tarde que era um delator da Gestapo tentando identificar rostos de resistentes.

Os "gaullistas", vale dizer, os não comunistas, gostavam de relaxar de sua vida perigosa marcando encontro nos belos cafés dos Champs-Élysées ou dos Boulevards, o que não deixava de ser arriscado. Os comunistas, por sua vez, não frequentavam cafés nem restaurantes, encontrando-se em ruas desertas dos subúrbios, proibiam relações de pura amizade e não se frequentavam fora da atividade clandestina. Eu, pelo contrário, misticamente comunista, levava uma vida "gaullista", com direito a aperitivos e refeições com os amigos, ao mesmo tempo tomando certas precauções draconianas que me tinham sido inculcadas pelo Partido: verificar se não estava sendo seguido, inspecionar antecipadamente as imediações dos locais de encontros clandestinos, manter em segredo o endereço pessoal etc.

A polícia francesa perseguia os comunistas, a Gestapo perseguia os gaullistas. (Esta última se valia, além do mais, dos serviços auxiliares, de uma rara barbárie, de capangas ou ex-policiais como os do bando Bony-Lafon.) Os militantes comunistas de antes da guerra eram quase todos fichados, sendo seus domicílios conhecidos pela polícia francesa, e corriam mais riscos que os "gaullistas", que no início não eram conhecidos das duas polícias: a francesa e a alemã. A Gestapo ia progressivamente procedendo a sua identificação e localização. Um resistente não comunista, assim, podia se permitir o que teria constituído grave imprudência para um comunista: tomar café ou fazer refeições com os companheiros, promover reuniões para várias pessoas num apartamento, frequentar Saint-Germain-des-Prés, Montparnasse, os Champs-Élysées. Desse modo, com frequência nos encontrávamos para jantar ou beber entre amigos de diferentes movimentos de resistência: Jean-Francis Rolland (Mithridate), Victor Henri (com Joliot Curie na Frente Nacional), Henri Pozzo di Borgo (esqueci a qual movimento estava filiado) e outros como Ségolène Manceron, Gilles Martinet (dirigente da AFP* clandestina), Lucien Herr (submarino como eu, creio), Simon Nora etc.

No fim das contas, creio que foram tão numerosas as detenções de gaullistas quanto de comunistas, mas o núcleo dirigente do Partido (Duclos, Tillon, Frachon), prudentemente abrigado em mansões dos subúrbios (Thorez, por sua vez, estava em Moscou), nunca foi detido, ao passo que muitos dirigentes resistentes, entre eles Jean Moulin, foram interceptados, torturados, mortos ou deportados.

Em meus encontros secretos com os militantes do Partido, eu ia a ruas anônimas e silenciosas do subúrbio para me identificar e então receber instruções e transmitir minhas informações. Ao mesmo tempo em que era Gaston Poncet, 29 anos, prisioneiro repatriado, empregado da Imprimerie Nationale requisitada pelos alemães, desfrutando das maravilhas culturais da vida parisiense, eu era uma caça perseguida pela Gestapo. Enquanto o resistente do *maquis* tem seu território, certamente sob ameaça, mas que pode ser defendido, o resistente urbano é permanentemente acossado. Não tem nenhum refúgio, sua única proteção consiste em manter segredo em torno de seu domicílio, mesmo para os melhores companheiros, que poderiam falar em caso de detenção e tortura. Eu cuidava portanto da segurança do meu apartamento, não dava meu endereço a ninguém e só voltava para casa depois de me certificar de que não era seguido. Toda

---

* Agência France Presse. (N. T.)

noite, mudava uma ou duas vezes de linha de metrô antes de tomar a minha, verificando em cada baldeação se não estava sendo seguido, e sobretudo esperando que se fechasse a portinhola automática — felizmente ainda em uso na época — para ser o último a passar por ela e saltar num vagão em cima da hora de se fecharem as portas.

Por um lado, portanto, eu sou Gaston Poncet, bem adaptado à nova identidade que me envelhece, conferindo-me 29 anos, com carteira de trabalho falsificada na Imprimerie Nationale, cartões de visita, cartões autênticos para compra de pão, cigarros, tecidos e outros, desfrutando da gastronomia e dos espetáculos parisienses. Por outro, sou Edmond, o clandestino que se transformou em Morin depois que Edmond foi identificado pela Gestapo, três vezes merecedor de morte — como gaullista, comunista e judeu. Na verdade, sou ao mesmo tempo um submarino comunista, ligado ao Comitê Central, e um resistente gaullista do MNPGD (Movimento Nacional dos Prisioneiros de Guerra e Deportados).

Que significa ser um submarino? Foram muitos os submarinos comunistas nos movimentos gaullistas, mas, ao contrário do que se poderia acreditar, eles não foram infiltrados pelo Partido. Muitos tinham rompido com o Partido depois do pacto germano-soviético, e muitos deles estiveram entre os primeiros a constituir e sustentar movimentos de resistência, como Jean-Pierre Vernant, Pierre Hervé, Maurice Degliame e outros, que chegaram aos mais altos cargos de direção na resistência não comunista. Entretanto, depois da invasão da União Soviética por Hitler em junho de 1941 e sobretudo depois da heroica resistência de Leningrado e Moscou, muitos se sentiram de novo comunistas e retomaram contato com o Partido, que lhes pediu para permanecerem em seus postos.

O meu caso e o de Jean-Francis Rolland e Victor Henri foram diferentes. Não haveríamos naturalmente de prestar obediência ao STO*

---

* Serviço do Trabalho Obrigatório que procedeu na França ocupada à requisição e transferência compulsória para a Alemanha de centenas de milhares de trabalhadores franceses para ajudarem no esforço de guerra alemão. (N. T.)

em maio ou junho de 1943, mas de nos colocar à disposição do Partido, provavelmente para sermos integrados aos FTP,* mas Clara Malraux nos levou ao encontro de André Ullmann, que, prisioneiro tendo voltado da Alemanha com uma *Urlaubschein*** falsa, tentava recrutar dirigentes para seu próprio movimento de resistência. Ele nos forneceu falsas *Urlaubschein* de repatriamento com os nomes de prisioneiros verdadeiros que tinham ficado nos campos, o que nos dotou de documentos "autênticos" com um nome verdadeiro que não era o nosso, e nos disse que "providenciaria com o Partido" nossa integração ao MRPGD. Foi assim que me transformei num submarino. Já disse que, de certa maneira, eu me sentia à vontade em minha dupla identidade neomarrana**** (submarrana!), vivendo plenamente ambas; porém também devo confessar que sentia a hipocrisia da minha situação quando alguém me fazia confidências de fundo anticomunista ou trotskista (que eu não relatava ao Partido).

Como eu me sentia perfeitamente "Gaston Poncet" nos momentos de lazer, muitas vezes esqueci que trazia em mim uma indelével marca judaica. Assim foi que, certo dia, meu amigo Jacques-Francis Rolland me estimulou a conhecer a Grande Mado, prostituta de Pigalle de cujo extraordinário talento costumava se gabar. Somos apresentados por ele num bar; é uma garota magnífica, e eu fico maravilhado com sua beleza. Ela me conduz ao hotel, e, seguindo-a, fico imaginando as delícias através das quais haverá de me levar ao êxtase. Dou asas à fantasia, vendo-me já responsável por tirá-la da prostituição e vivendo com ela um relacionamento tranquilo e sensual, ao mesmo tempo em que cruzo nos corredores com vários uniformes alemães sem ficar alarmado. Uma vez instalados num dos quartos, a jovem abre a minha

---

* Franco-Atiradores e Partisans, o movimento de resistência armada organizado pelo Partido Comunista Francês em 1941. (N. T.)
** Licença. (N. T.)
*** Referência a Georges Marrane (1888-1976), o dirigente comunista da Resistência. (N. T.)

braguilha e põe mãos à obra. E eu dou um grito de pavor por dentro, lembrando-me de repente da minha circuncisão. A Grande Mado dá o melhor de si, sem nenhum resultado. Irritada, deixa-me e cai na gandaia com oficiais inimigos. Sozinho, visto-me rapidamente, saio sem querer ser visto e vou dar finalmente em Pigalle. Gaston Poncet foi apagado ao mesmo tempo por Edgar Nahoum e Edmond. Na verdade, nenhum dos três jamais desapareceria completamente do meu horizonte. Ora Gaston Poncet está em primeiro plano, ora é a vez de Edmond. Edgar ressurge quando se corresponde com o pai ou encontra parentes, como o primo Beppo Beressi com a mulher Margot, que moram na rue de la Roquette e trazem na roupa a estrela amarela (o concierge de seu prédio permite que passem a noite num apartamento vazio, e assim nunca foram alcançados pela batida policial para deter judeus, promovida sempre ao alvorecer).

*

Inicialmente, instalei-me com minha companheira Violette num velho hotel decadente, num ponto da praça da Contrescarpe onde hoje existe um prédio moderno. À noite, escondíamos nossos documentos comprometedores em cima da caixa-d'água do vaso sanitário do andar, e pela manhã eu os resgatava. Mais tarde, alugamos um apartamento na rue de l'Abbé-Groult, metrô Vaugirard. Como consta a idade de 29 anos em minha carteira de identidade, sou um prisioneiro repatriado e tenho carteira de trabalho, não corro grande risco nas batidas policiais ou da Gestapo no metrô ou na rua, exceto quando trago comigo material ou documentos comprometedores. Os maiores riscos se dão nos encontros ou nas missões. Para enganar melhor, eu sempre carrego ostensivamente, nos meus deslocamentos, diários e semanários da Colaboração, como o *Aujourd'hui*, com os editoriais de Drieu La Rochelle.

MINHA PARIS, MINHA MEMÓRIA

Eu tinha muito medo de ser detido, especialmente de ser torturado, e, máximo do terror, de falar sob tortura. É fato que me sentia muitas vezes angustiado, ao comparecer a um encontro ou a uma reunião na gráfica clandestina ou fazer algum novo contato, mas estranhamente me sentia muito bem comigo mesmo, reconciliado, como que livre dos sentimentos de culpa herdados da infância ou talvez da parte judaica da minha identidade. Enquanto companheiros dos mais queridos eram detidos, enquanto eu mesmo corria riscos e o país sofria, não obstante os motivos de apreensão, eu de certa forma estava feliz, como se participasse de uma formidável solidariedade antropológica, convencido de que agia não só pela liberação da França, mas também e sobretudo pela grande causa da Humanidade.

*

Nos anos de 1942 e 1943, muitos franceses na verdade eram petaino-gaullistas. De Gaulle era a espada, Pétain, o escudo, e muitos achavam que os dois estavam ligados por um acordo secreto. Mas depois da capitulação alemã em Stalingrado (início de 1943) e das grandes vitórias soviéticas que se seguiram, enquanto os Aliados chegam à Itália e a Córsega é liberada, o petainismo se enfraquece e o gaullismo se fortalece. A derrota alemã parece cada vez mais provável, aumenta a influência da Resistência.

Ficávamos muito bem informados graças aos programas da rádio de Londres, "Os franceses falam aos franceses", e alguns de nós também líamos os boletins da AFP clandestina. Foi num deles que tomei conhecimento, através do relato de um foragido de Auschwitz, de que se tratava de um campo de extermínio de judeus, fato que permanecera ignorado durante a Ocupação.

A guerra aérea atinge Paris com o bombardeio aliado do dia 21 de abril, parecendo anunciar a iminência de um desembarque. Aumenta a esperança. Entretanto, a repressão simultaneamente se agrava, o *maquis* de Glières é aniquilado. A milícia petainista move uma luta cada vez mais encarniçada contra a Resistência.

Apesar das dissidências internas no nosso movimento, não obstante as disputas pessoais ou de estratégia encontradas na Resistência, todos somos ligados e estimulados por uma grande fraternidade. Há Pierre Le Moigne, "herói de sorriso tão suave", detido e torturado em Paris, conseguindo fugir de Montluc, em Lyon, e voltando ao nosso convívio; Philippe Dechartre, também foragido da prisão, dirigente de grande humanidade e coragem; Michel Cailliau, sobrinho de De Gaulle, que foi, ao lado de André Ullmann (detido em Lyon no verão de 1943, numa armadilha da qual escapei por pouco), dirigente do MRPGD, sempre acompanhado de seu fiel Jules, outro prisioneiro foragido, de origem húngara; Michel parecia com De Gaulle, mas em versão menor, como se um escultor como César tivesse comprimido o General. Ele era ao mesmo tempo ardoroso e ingênuo. Achava que, chegado o momento, caberia a ele, e não a Mitterrand, dirigir o movimento unificado do MNPGD. Mas Mitterrand viajou clandestinamente a Argel, foi escolhido pelos membros do Comitê da França Livre que estava para se transformar em governo provisório, e De Gaulle, não obstante uma carta de Michel denunciando o "vichysmo" do rival e sugerindo ao tio que o mandasse para o exército da Itália, aliou-se a Mitterrand, embora não houvesse a menor simpatia entre os dois. Com isso, Michel, sob o pseudônimo de Michel Charette, desligou-se do MNPGD e fundou a "Rede Charette", à qual aderi por amizade, ao mesmo tempo em que continuava na direção do MNPGD. Eu continuaria posteriormente a frequentá-lo, o que em nada alterou minha admiração por Mitterrand.

Todos nós sabíamos, naturalmente, que o movimento de Mitterrand viera de Vichy e só tinha passado à Resistência depois da ocupação da Zona Sul, mas reconhecíamos sua coragem, à beira da temeridade, assim como a influência de sua ação, antes de tudo sobre seus seguidores ou vassalos, mas também sobre nós. A conversa mais longa que tive com ele ocorreu durante uma caminhada nos últimos momentos da Ocupação para decidir a respeito da "liquidação física" de dois membros do movimento que suspeitávamos terem sido "recuperados" pela Gestapo e que eram responsáveis por várias detenções. A insurreição de Paris e logo em seguida a Liberação nos eximiram de executar esse projeto.

Se por um lado eu escondia minha filiação secreta ao comitê central do Partido, por outro não ocultava minhas ideias comunistas dos companheiros mais próximos. Não sabia que com isso causava certa desconfiança entre os mitterrandistas. Foi o que fiquei sabendo mais tarde, quando Robert Antelme voltou da deportação. Ele me contou que, antes da minha chegada a uma reunião mitterrandiana no apartamento de sua irmã Minette na rue Dupin (onde ele viria a ser detido, como ela), alguém disse: "Prestem atenção ao que vamos dizer: Edmond é comunista."

*

Eu era responsável, portanto, pela propaganda na região de Paris. Contávamos com um corajoso dono de gráfica que corria enormes riscos e nunca falhou nem esmoreceu. Depois da Liberação, Violette dedicou a ele um comovente depoimento em nosso jornal *Libres*. Eu redigia panfletos, organizava sua distribuição. Tomava extremo cuidado para não estigmatizar os "boches" nem mesmo os alemães: meu alvo era o nazismo. Só no último panfleto, uma convocação à insurreição em Paris, em agosto de 1944, é que eu concluía reproduzindo a palavra de ordem que encerrava todos os comunicados de guerra soviéticos: "Morte ao invasor alemão!"

Na verdade, eu não me limitava à propaganda, minha atividade era polivalente. Eu fazia recrutamento para solidificar nosso movimento na região de Paris; quando se tratava de uma pessoa desconhecida, eu avançava com prudência de gato, para bem farejar antes de convidá-la a aderir. Infelizmente, tinha recrutado um neófito que, por sua vez, recrutava garotas que paquerava no metrô ou no trem. Eu tomava cuidado para que não fossem confiadas responsabilidades a suas conquistas. Depois da Liberação, ele relataria suas proezas num livrinho intitulado *Amor e resistência...*

Eu também dispunha de um sistema de fabricação de documentos falsos, com equipamentos para produzir carteiras de identidade com carimbos falsos. Tinha condições de atender com rapidez à demanda, especialmente de judeus condenados ao carimbo "judeu" na carteira de identidade e à estrela amarela no peito.

À parte isso, eu dava prosseguimento ao que tinha iniciado em Lyon e depois em Toulouse: apoiar os antinazistas alemães e, por intermédio de meu amigo Félix Kreisler, ajudar de diversas maneiras (gráfica, documentos falsos) o grupinho de comunistas austríacos que se encontrava na França. Cheguei inclusive a introduzir Félix no MRPGD antes da fusão, sem que Michel Cailliau soubesse que se tratava de um submarino.

De vez em quando, também fazia trabalho de inteligência e informação. Em minhas primeiras estadas em Paris, em 1943, hospedei-me na casa do Sr. e Sra. Barré. A Sra. Barré, divorciada do Sr. Luce, pai de meu colega de liceu Henri e de seu irmão menor, Georges, tinha-se casado com o Sr. Barré, que, depois de trabalhar como chefe de estação em Bar-le-Duc, estava agora na direção da SNCF.* O Sr. Barré era um patriota loreno. Depois que o informei da minha participação na Resistência, ele me pôs em contato com o principal dirigente da SNCF, o qual, tendo em vista a confiança em mim depositada pelo Sr. Barré, se mostrou disposto a fornecer aos Aliados os horários e destinos dos trens estabelecidos pelas autoridades alemãs. Como elas comunicavam

---

* Sociedade Nacional das Estradas de Ferro. (N. T.)

suas exigências no último momento, era necessário que os Aliados fossem informados o mais rápido possível para poderem bombardear os comboios. Como eu mesmo só muito indiretamente tinha contato por rádio com Londres, incumbi Roger Vailland de cuidar dessa fonte capital, pois ele então dirigia a rede Mithridate e mantinha ligação regular com a França Livre.

Como os alertas aéreos, cada vez mais frequentes, parassem o metrô, recebemos ordem de circular de bicicleta. Uma amiga ardorosa, membro da Juventude Comunista, incumbiu-se de furtar bicicletas para me agradar, presenteando-me com cinco delas de diferentes tipos. Depois da Liberação, ela cometeu um furto semelhante para o irmão, o que redundou em sua expulsão do Partido. Meritório sob a Ocupação, o ato tornara-se um delito depois da guerra.

*

Havia sobre nossas cabeças uma espada de Dâmocles ambulante...

O episódio mais perigoso da minha participação na resistência em Paris ocorre num momento em que eu ignorava até mesmo a existência do perigo. Meu adjunto em Toullier, Jean Krazak, marinheiro antifascista de Hamburgo, combatente da Guerra Civil espanhola, juntara-se a mim e morava no Hotel Touiller, na rua de mesmo nome. Marquei encontro com ele certa manhã no cemitério de Vaugirard, onde a paz das sepulturas permitia perceber facilmente se estávamos sendo seguidos. Ele não apareceu, mas eu não fiquei nem um pouco preocupado. Depois de almoçar num restaurante próximo, dirijo-me para o Hotel Toullier acompanhado de Violette. Não vejo sua chave pendurada na recepção, e, sem prestar atenção na recepcionista, decido ir ao seu encontro no quarto, no segundo andar, pedindo a Violette que me espere embaixo. Chegando ao primeiro andar, minhas pernas vacilam, acometidas de inexplicável cansaço. Eu hesito, e acabo decidindo, sem qualquer emoção nem temor, não continuar: desço tranquilamente e deixo um bilhete na recepção, propondo a Jean um novo encontro na Sorbonne. Acontece que desde aquela manhã a Gestapo tinha montado uma ratoeira em seu quarto, nela detendo Gaby Bounes, companheira de Toulouse que fora visitá-lo. Até hoje não entendo meu comportamento nesse dia, e quero crer que naquele momento fatídico fui socorrido por uma espécie de telepatia tão poderosa quanto inconsciente.

Jean tinha uma identidade falsa e usava um nome flamengo. Repetidamente torturado (Pierre Le Moigne, por sua vez também capturado pela Gestapo mais ou menos na mesma época, contou-me, depois de fugir, o suplício de Jean), espancado, Jean de repente respondia em alemão aos carrascos. Não sei se eles continuaram a cozinhá-lo. O fato é que acabou sendo abatido ali mesmo.

Eu escapei às detenções que se abateram sobre nosso movimento durante e depois da invasão do apartamento de Minette, na rue Dupin, pela Gestapo. Mitterrand escapou por pouco da ratoeira. Ele dormia nesse apartamento e tinha o hábito de telefonar a Minette antes de voltar. Quando ele telefonou, a Gestapo ordenou que ela atendesse. Ela chegou a dizer "É engano" e foi violentamente espancada. Mitterrand entendeu.

Eu também escapei de um encontro perigoso na praça Saint-Georges: tive tempo de constatar que havia sido identificado e fugi, temendo uma provável armadilha. Ainda não sabia que, após a onda de detenções que se seguiu à batida da Gestapo na rue Dupin, Robert Antelme fora longamente interrogado sobre o tal "Edmond".

Com a ajuda de um companheiro, eu tinha instalado na primavera de 1944, num pequeno apartamento da rue du Faubourg-Saint-Antoine, o meu material de falsificação, além de uma coleção de panfletos e jornais clandestinos, e aparecia por lá regularmente para confeccionar documentos falsos, apanhar panfletos etc. Um dia de julho, ao deixar esse apartamento, tive na rua a curiosidade de olhar maquinalmente na direção da minha janela e notei na janela ao lado uma velha senhora que me olhava. Por precaução, decidi evitar o apartamento por algum tempo, e então os acontecimentos se precipitaram, e veio a insurreição. Fiquei sabendo que efetivamente a velha me tinha denunciado. Pensaria acaso que eu era um traficante do mercado negro? Um clandestino? O fato é que homens da polícia francesa ou da Gestapo deram busca no apartamento.

Creio que também foi em julho de 1944 que meu amigo Claude Dreyfus foi detido no Hotel Goudeau, na praça Goudeau. Colegas no Liceu Rollin, nós tínhamos nos reencontrado em Toulouse; ele era um comunista impávido, inabalável, que tinha três ídolos: Jesus, Robespierre e Stalin. Casto, não bebia vinho, criticava os "libertinos" e preconizava a generalização do ensino do grego nos liceus. Quando voltamos a nos ver em Paris, ele não tinha mudado, fazendo parte agora da rede Mithridate, antro de submarinos. De uma hora para outra, contudo, descobriu o amor, o sexo, o vinho, os prazeres da mesa. Pouco depois, seria detido. Deportado no último trem para Buchenwald com o nome de Pierre Billard, ele seria mandado em seguida para a fábrica subterrânea de Dora-Ellrich, inferno mortal do qual nunca voltaria.

*

A 6 de junho de 1944, eu estava de madrugada perto da estação de Montparnasse. Ao entrar num bistrô para tomar um sucedâneo de café, fui recebido com uma alegre algazarra: "Finalmente, eles desembarcaram!" A notícia do desembarque dos Aliados espalhou-se em Paris numa velocidade supersônica. A felicidade se estampava em quase todos os rostos. Mas as tropas anglo-americanas ficaram durante seis semanas bloqueadas até poder atravessar a frente em Avranches e se espalhar pela Normandia. O Partido julgara de bom alvitre lançar uma convocação à insurreição logo depois do desembarque, mas de nada adiantou.

Só com o avanço das tropas aliadas depois de aberta a brecha em Avranches é que foi possível esperar a liberação de Paris. Não sabíamos que Eisenhower decidira contornar a capital para evitar um cerco prolongado. Tampouco sabíamos que von Choltitz recebera de Hitler a ordem de destruir Paris em caso de retirada forçada. Foi então toda a Resistência unida que lançou uma convocação à insurreição, a 15 de agosto. Nesse momento, tudo se precipita: o metrô, a gendarmeria e em seguida a polícia entram em greve; no dia 18, greve geral, e, a 19, barricadas são montadas por toda Paris, enquanto a chefatura de polícia e a prefeitura, no Hôtel de Ville, são ocupadas pela resistência. Franco-atiradores organizam numerosas escaramuças contra as tropas alemãs. Muitos bairros são liberados, na realidade, mas as principais artérias, o centro e as construções principais ainda continuam sob controle do ocupante.

O clima de esperança é incrível, mas a situação continua angustiante; uma pseudotrégua não foi respeitada, de ambas as partes. Os insurretos podem ficar sem armas, a insurreição corre o risco de ser esmagada se as tropas aliadas não chegarem o mais rápido possível. Com isso, o general Leclerc, infringindo as ordens, lança seus elementos avançados sobre Paris.

Desde o início da insurreição, o comitê parisiense do MNPGD se apoderou da Casa do Prisioneiro na praça de Clichy. É lá que eu tenho um escritório, onde recebo de vez em quando uma prostituta a ser tosquiada. Encaminho a infeliz por uma escada de serviço. Depois, muitas vezes deixo o escritório e vou me pavonear na colina de Montmartre com minha braçadeira das FFI* e um velho fuzil de caça a tiracolo. Em seguida, vou montar uma barricada na encruzilhada de Châteaudun, a sede do Partido Comunista, novamente ocupada por seus dirigentes e já guardada por austeros militantes. Violette e eu vamos com frequência cada vez maior ao Petit Journal na rue de Richelieu,

---

* Forças Francesas do Interior, a Resistência. (N. T.)

ocupado por Dionys Mascolo e a "Sra. Leroy", na verdade Marguerite Duras, com quem mantemos então um estreito relacionamento.

Nossos deslocamentos, nos quais atravessamos a praça da Concorde ou então os grandes boulevards, são algo perigosos, em meio a balas zunindo. Na Concorde, nós corremos, dobrados ao meio, para atravessar a praça. Nos grandes boulevards, três militares alemães saindo do seu tanque dirigem-se a nós de metralhadora em punho. Nós nos afastamos, eles nos seguem. Eu beijo Violette com paixão, eles hesitam e nos deixam em paz.

Na noite de 23 para 24 de agosto, ficamos sabendo que a 2ª Divisão Blindada avança sobre Paris. Estamos na varanda da Casa do Prisioneiro, de onde se tem uma vista ampla de toda a cidade. Podemos ver o clarão dos incêndios provocados pelos ocupantes, queimando seus documentos nos ministérios que são obrigados a deixar. De repente, os sinos de todas as igrejas da cidade começam a repicar. Saímos da Casa do Prisioneiro e nos dirigimos em grupo para o Hôtel de Ville, aonde chegamos por volta das quatro ou cinco horas da manhã.

Lá se encontram alguns tanques Leclerc, os liberadores têm no rosto uma expressão ao mesmo tempo cansada e radiante (nós não sabíamos que esse destacamento era formado majoritariamente por antifascistas espanhóis). Choro de alegria, momentos indizíveis, inesquecíveis, um verdadeiro êxtase histórico.

No dia seguinte, 25 de agosto, o estado-maior alemão se rende.

A 26, é o grande desfile da Vitória, descendo os Champs-Élysées a partir da praça da Étoile, para em seguida dirigir-se, creio eu, para o Hôtel de Ville. Atrás do cortejo pedestre liderado por De Gaulle e os membros do CNR* vão os automóveis das FFI. Eu estou de pé num veículo de teto aberto, brandindo a bandeira tricolor. Beauchamp está na direção; Dionys, Marguerite e Violette são os outros passageiros.

---

* Conselho Nacional da Resistência. (N. T)

Na encruzilhada dos Champs-Élysées, hoje avenida Franklin-Roosevelt, estala uma fuzilaria. São os "atiradores dos telhados", milicianos e outros fascistas franceses, alvejando o desfile. A multidão se agacha e se joga no chão; muitos saem correndo, em pânico. Beauchamp vira à esquerda, na direção do boulevard Haussmann, por onde escapulimos, eu ainda de pé com minha bandeira tricolor, debaixo de tiros que não nos atingem, mas também dos vivas das pessoas abri gadas debaixo das marquises das grandes lojas de departamentos.

III

Paris para os parisienses
1944-1945

Paris volta aos poucos a ser a Paris dos parisienses. Os letreiros e tabuletas alemães desapareceram, assim como os retratos de Pétain. Idem quanto à imprensa colaboracionista. A Ocupação, a colaboração e Vichy são apagados da vida pública. Os pequenos jornais da Resistência, *Combat, Libération, Franc-Tireur*, tornam-se diário à luz do dia. *L'Humanité* volta a ser publicado. Um *Paris-soir* nascido da Resistência é mantido por Patrice Blank, que logo seria suplantado por Pierre Lazareff, de volta de Nova York. Um *Ce soir* de inspiração comunista passa a ser publicado, sendo sua direção entregue a Jean-Richard Bloch, de volta de Moscou. A pedido de De Gaulle, vem somar-se também *Le Monde*, de Hubert Beuve-Méry.

As restrições prosseguem em todas as frentes, inclusive na alimentação, e só viriam a diminuir progressivamente até a abolição dos tíquetes e do cartão de abastecimento.

As braçadeiras FFI que nós usávamos também desapareceriam aos poucos. Altos dirigentes da Resistência, como Georges Bidault, François Mitterrand e Jacques Chaban-Delmas, tornam-se ministros e continuam desempenhando um papel político de primeiro plano. Outros viriam a se tornar capitães da imprensa, como Claude Bourdet (*Combat*), Gilles Martinet (AFP), Pierre Hervé e Pierre Courtade (*Action*). Aos poucos voltam à cena antigos dirigentes políticos deportados como reféns pelos nazistas, como Herriot, Blum, Daladier. A Resistência, que se julgara em condições de chegar ao poder, vai sendo aos poucos afastada das instâncias dirigentes. Os bravos militantes dão lugar a profissionais da política e voltam à vida civil.

O prestígio dos comunistas está no auge. Eles se proclamam o "partido dos fuzilados", e Duclos os compara nas reuniões aos mártires cristãos! O Partido tenta manter armadas as forças potencialmente revolucionárias constituídas pelas milícias patrióticas. Mas a volta de Maurice Thorez de Moscou elimina qualquer perspectiva desse tipo. Ele dissolve as milícias patrióticas e lança a palavra de ordem "Primeiro, produzir!", exortando a França a se mostrar solidária com a União Soviética. Militantes provisoriamente desamparados acabam por se perfilar, abraçando "a linha". É o grande compromisso: ministros comunistas chegam ao governo, e Thorez, antigo desertor, volta a ser o chefe do "Grande Partido resistente". Naturalmente, ninguém mais pensa em criticar a União Soviética ou o Partido Comunista, o que equivaleria a resvalar para o antissovietismo primário ou o anticomunismo visceral. Mais tarde, o processo Kravtchenko mostraria todo o alcance do prestígio e do poder de intimidação do Partido. Altas personalidades da Resistência e do mundo intelectual passariam a atacar Kravtchenko, que denunciou os campos stalinistas e foi difamado por *Lettres françaises*. Um único intelectual de esquerda, Claude Lefort, ousaria escrever, em *Les Temps modernes*, apesar de Sartre e graças a Merleau-Ponty, que Kravtchenko disse a verdade. Um pseudojornalista americano, Slim Thomas, afirmaria que o livro de Kravtchenko, *Eu escolhi a liberdade!*, era na verdade obra da CIA. Eu fiquei sabendo, estupefato, que Slim Thomas na verdade não era ninguém mais, ninguém menos que André Ullmann, meu respeitado chefe no MRPGD, que me tinha recrutado em Lyon no início do verão de 1943 e depois, detido, fora deportado para Mauthausen e, libertado, dirigia agora um obscuro semanário subvencionado pela URSS! O mesmo André, por quem eu ainda guardava viva admiração quando voltou da deportação, fez-me um pedido que me espantou quando me fui juntar ao I Exército, em fevereiro ou março de 1945: entregou-me um questionário destinado a fazer um levantamento do número de divisões americanas na Alemanha e de seus locais de aquartelamento. Naturalmente, não atendi a seu pedido, exatamente como, estando já na Alemanha ocupada, não atendi às propostas que recebi para me tornar agente dos serviços secretos franceses ou soviéticos...

Depois da Liberação, o Partido Comunista se transforma em promotor de um chauvinismo extremo. Continua a chamar os alemães de "boches" (até a grande "virada" efetuada por Stalin ao declarar: "Os Hitler passam, o povo alemão fica", substituindo assim a frase de Ehrenburg: "Só conheço um bom alemão, é um alemão morto"). Critica a lentidão e a clemência de um expurgo que deseja politicamente mais radical (enquanto Togliatti, na Itália, pede que sejam poupados os "pequenos fascistas"), mas também no terreno econômico (o que, em última análise, corresponde a eliminar os dirigentes empresariais que foram obrigados a fornecer seus produtos à Alemanha).

Uma vida "normal" aparentemente se instaura em Paris, embora a guerra tenha prosseguimento em outras partes, Estrasburgo continue ocupada e o general von Rundstedt tente uma derradeira ofensiva no inverno das Ardenas.

*

Paris liberada representava para mim dias em que eu desfrutava plenamente da minha liberdade. Não havia mais o risco de ser seguido, embora eu continuasse fiscalizando maquinalmente quem mudava de linha de metrô ao mesmo tempo que eu! Mas essa impressão de plenitude não demoraria a se dissipar. Ao romantismo da Resistência, ao êxtase da Liberação progressivamente sucede uma vida cotidiana prosaica que eu nunca experimentei ainda. Estudante que era, eu me tornei um profissional da ação clandestina, mas essa profissão a essa altura está fadada ao desemprego. Dou-me conta de que a liberdade fez com que eu perdesse minhas atividades, todas elas clandestinas.

O MNPGD estava instalado na rue de Tilsitt; lá, eu encontrava amigos, mas não sabia que fazer. A maioria tinha encontrado algum posto na organização do movimento, já agora de caráter civil. É verdade que a universidade oferecia agora aos estudantes cujos estudos tinham sido interrompidos pela participação na Resistência a possibilidade de concluir a licenciatura e uma sessão especial do concurso de admissão na carreira. Mas depois de uma vida tão aventurosa parecia-me impossível cumprir os horários fixos do ensino e obedecer à repetição de um mesmo curso até a idade de aposentadoria. Assim foi que em perfeita consciência perdi essa oportunidade (o que viria a lamentar mais tarde, quando realmente fiquei desempregado).

Além do mais, eu sofria agora os inconvenientes da minha dupla identidade. Para os gaullistas, eu me tornara um comunista, não sendo mais um dos seus, mas para o Partido eu não tinha o gabarito dos militantes convictos e certos, e não era realmente considerado digno de confiança.

Esses percalços se agravaram de ambos os lados. Eu pensava escrever em nosso jornal, *Libres*, que se tornara diário e era dirigido por Marcel Haedrich. Escrevi um artigo estúpido, julgando-o de grande profundidade: "Onde estão os filósofos?" A ideia era demonstrar que a filosofia universitária estava morta; a verdadeira filosofia estava nos atos, com as tropas aliadas que esmagavam a Alemanha nazista. E eu concluía: "É no Reno e no Oder que estão os filósofos!" O artigo me valeu a zombaria de um amigo, Georges Le Breton: "Puxa, eu não sabia que os soldados eram filósofos!" Bugeaud, encarregado do controle comunista sobre mim, criticou o idealismo do artigo, dizendo-me: "Seria melhor que escrevesse algo denunciando a lentidão do expurgo." Mas o caráter obsessivo, vingativo e impiedoso que a palavra "expurgo" adquirira na imprensa e na propaganda do Partido me repugnava. Ao mesmo tempo, o expurgo de artistas, cantores e escritores me chocava não só por seus excessos, mas em seu princípio também. Na época, contudo, jamais me teria ocorrido desobedecer às ordens do Partido. Assim foi que penosamente redigi um artigo me esforçando por lhe infundir certo ânimo de depuração. Ao lê-lo, Marcel Haedrich perguntou-me: "Você realmente pensa o que escreveu aqui?" Depois de um silêncio, respondi sem muita convicção: "Sim." Esse artigo contribuiu para cavar um início de fosso entre mim e os não comunistas, mas, como não era suficientemente "enérgico" aos olhos de Bugeaud, de modo algum serviu para apagar a desconfiança que minha maneira de ser — incluindo minhas amizades exclusivamente extracomunistas — provocara nesse olheiro do Partido em nosso movimento. Eu já era mais ou menos como o *marrano* Uriel da Costa,[1] que queria continuar na sinagoga ao mesmo tempo fazendo declarações de livre-pensador!

Que fazer? Eu tinha o impulso de escrever. Durante a Ocupação, tinha redigido um artigo comparando a filosofia de *Antígona*, de Anouilh (inutilidade da revolta), à das *Moscas*, de Sartre (legitimidade da revolta); pensava publicá-lo em *Lettres françaises*, então na clandestinidade, mas não o conseguira.

A sorte parecia sorrir-me. Os submarinos e simpatizantes dos movimentos de resistência unificados tinham decidido fundar *Action*, semanário não diretamente enfeudado ao Partido, e por isso livre do burocratês de esquerda que prevalecia na imprensa comunista. Para alguns deles, como Pierre Hervé, que assumiu a direção, e Pierre Courtade, redator-chefe, era maneira de conservar certa autonomia, alguma abertura intelectual e liberdade de tom. Pierre Courtade convidou-me a escrever uma crônica semanal na página 2, dando-me

---

[1] Uriel da Costa, excomungado da sinagoga por suas afirmações ímpias na Amsterdã do século XVII, fez autocrítica e foi reintegrado. Uma vez reintegrado, não conseguiu se eximir de expressar suas ideias, foi novamente expulso, amaldiçoado e acabou se suicidando.

inteira liberdade na escolha dos temas. Assim foi que publiquei um primeiro artigo que, de resto, efetivamente expressava meu pensamento na época: eu escrevia que as vitórias soviéticas tornavam caduca a ditadura do proletariado, sendo necessário substituí-la pela "hegemonia do proletariado", o que pressupunha a existência de partidos e de uma imprensa não comunistas — na verdade, a existência de liberdades. Fiquei muito satisfeito com minha contribuição "teórica", que além do mais parecia bem de acordo com a nova conjuntura.

Valdi Leduc, que encarnava a ortodoxia em *Action*, convocou-me para deixar claro que o que eu dizia era da competência do Comitê Central e que eu não tinha o direito de introduzir uma inovação teórica na linha estabelecida pela autoridade competente do Partido. Assim, não só meu artigo não foi publicado, como minha coluna já nasceu morta, sem que o Courtade extremamente liberal da época pudesse ou quisesse opor-se à minha desgraça.

Eu tinha de ganhar nossas vidas, a minha e a de Violette, que por sua vez tinha abandonado os estudos, depois de concluir a formação universitária, para entrar para a Resistência. Trabalhando como repórter especial em *Ce soir*, meu amigo J.-F. Rolland estava de partida para acompanhar as tropas aliadas na frente Leste. Vendo-me desamparado, propôs a Louis Parrot, redator-chefe do diário, que me contratasse como jornalista. Assim foi que comecei a trabalhar como estagiário em *Ce soir*. O ex-comandante da Resistência, promovido a tenente, tornava-se assim um estreante, convivendo numa redação com alguns outros aprendizes de jornalistas, todos jovens e não menos estreantes, e preparando com eles em algumas poucas linhas as notícias secundárias do "colunão". Depois de três dias dessa atividade, fui embora.

Tive então a ideia de organizar uma grande exposição sobre os "crimes hitleristas". Não só os primeiros campos de concentração liberados nos revelavam a realidade do sistema concentracionário nazista, como eu sabia que esse sistema fora criado já em 1933 contra os comunistas, socialistas e liberais alemães, e tinha lido o *Braunbuch*, coletânea de depoimentos sobre esses campos publicada pouco antes da guerra.

Ainda não mencionei que o que me singularizava naqueles anos de ocupação e resistência, sem que eu estivesse buscando nenhuma originalidade, era não só minha recusa de uma postura antialemã, mantendo-me essencialmente antinazista, como também o fato de trabalhar com os nazistas alemães e austríacos, com eles e através deles exortando à deserção os soldados inimigos estacionados na França. Também dessa maneira eu resistia ao "antibochismo" do Partido.

Apresento minha ideia de exposição ao MNPGD, que a aprova, e estimulo meus novos e grandes amigos Dionys Mascolo e Marguerite Antelme, ainda não celebrizada como Duras, a participar da preparação. Não me lembro mais de quem, no nosso movimento, conseguiu envolver o Interior e algum outro ministério, que por sua vez nos forneceram um apartamento na avenue Hoche, à guisa de escritório, dois colaboradores, um deles baixinho, rechonchudo, Jacques B., duas ou três secretárias, e começamos então o trabalho de documentação. Durante esses preparativos, a embaixada soviética põe à nossa disposição um enorme documento recheado de depoimentos de camponeses ucranianos, demonstrando que o massacre de Katyn foi obra dos nazistas (só onze anos depois eu viria a entender que fora enganado, e que o massacre dos oficiais e soldados poloneses era de responsabilidade dos stalinistas).

Não demorou, e a mentalidade burocrática dos colaboradores, seu espírito acanhado, desanimou Dionys e Marguerite. Eu descubro um mundo desconhecido na Resistência, feito de mesquinharia e mediocridade. Mas apesar disso eu fico não só para ganhar a vida, mas para impedir a desvirtuação do meu objetivo, pois em várias oportunidades Jacques B., apesar de ser filho de um conhecido intelectual comunista, tenta dar à exposição o nome de "Crimes Alemães". Ocorrem então violentos conflitos. Quando eu critico o ajudante de Jacques B. por não ter participado da Resistência, ele retruca: "Mas você era mesmo obrigado: você é judeu."

Passam-se meses nesse clima malsão. Mas logo no início de 1945, encontrando meu amigo Pierre Le Moigne, tomo conhecimento de uma informação que mudaria minha vida: o comandante Chazeaux (pseudônimo: Durandal), ex-chefe do *maquis* da região de Franche-Comté, então integrado ao I Exército e ocupando um posto no estado-maior do general de Lattre de Tassigny, estava recrutando pessoas para cuidar do repatriamento dos prisioneiros e deportados libertados na Alemanha, e também para participar do futuro governo militar da zona de ocupação. Eu não hesito, e Violette confirmaria: "Vamos!"

A partida estava marcada para dias depois num caminhão militar. Decidimos casar-nos antes. Moramos nessa época perto da praça de Clichy e vamos então à sede da região administrativa do 18º *arrondissement*, que tem como secretário-geral um antigo colega de liceu que participara da Resistência, Mellik. Ele nos informa os prazos exigidos para os procedimentos burocráticos e a publicação das proclamas. "Não temos tempo, vamos partir dentro de três dias." Na mais perfeita ilegalidade, ele organiza nossa união legal para o dia seguinte. Comemoramos a boda no primeiro andar do restaurante Athènes, na rue Serpente, que não existe mais.

Durante a Ocupação, íamos de vez em quando a esse restaurante. Numa ocasião em que Violette me esperava para jantar, o bom garçom grego cujo nome esqueci, vendo-a chorar, disse-lhe: "Não se preocupe, ele vai voltar!" Naturalmente, ele não sabia que minha ausência podia ter sido causada por uma detenção. Na verdade, eu fora de bicicleta para Garches, no cumprimento de alguma tarefa de resistência, ficara retido por algum tempo e, ao cair da noite, tinha pedalado a toda velocidade ao encontro de Violette, banhada em lágrimas, mas de repente feliz. E o garçom: "Está vendo? Ele voltou!"

Reunimos nesse jantar de núpcias nossos melhores amigos do MNPGD, entre eles Dionys, Marguerite, Pierre Le Moigne, J.-F. Rolland, Victor Henri, Henri Pozzo di Borgo e outros que me fogem à memória no momento. Cantamos a *Marselhesa*, a *Internacional*, cantos revolucionários que tinha aprendido nos comícios trotskistas antes da guerra. À nossa frente, o futuro voltava a se descortinar.

IV

Em Saint-Germain-des-Prés

1946-1947

Violette e eu voltamos a Paris, quero crer, na primavera de 1946. Eu fui lotado como comandante assimilado do estado-maior do I Exército no povoado de opereta de Lindau e depois como chefe de propaganda na Direção de Informação do governo militar francês em Baden-Baden. Voltamos a encontrar em Lindau uma nova intensidade e poesia de vida. Fizemos na cidade amizades muito queridas, especialmente com Romuald e Jacqueline de Jomaron. Fiz uma primeira visita a Berlim em ruínas quando os soviéticos abriram a cidade aos ocidentais, em junho de 1945. E voltei para nela viver experiências espantosas, que me proponho a evocar no livro que pretendo escrever um dia sobre as metamorfoses de Berlim entre 1945 e 2013. Eu explorei as diversas zonas de ocupação da Alemanha, examinei os relatórios do Intelligence Service e dos serviços de informação americanos, ingleses e franceses sobre o comportamento da população alemã. Como nas minhas passagens por Paris eu descrevesse, na rue Saint-Benoît, a situação dantesca da Alemanha devastada, Robert Antelme, na época fundando uma pequena editora, estimulou-me a escrever um livro a respeito. Escrevi *O ano zero da Alemanha* em Baden-Baden, e então, tendo concluído sua redação e constatando a excessiva burocratização do governo militar, nós decidimos voltar a Paris.

Tínhamos economizado o essencial da nossa remuneração para viver sem preocupações materiais por alguns meses. Na volta, hospedamo-nos na casa de Marguerite Duras. Nos meus frequentes deslocamentos, eu me ligara cada vez mais a Marguerite e Dionys, e uma amizade tão intensa quanto a que sentia por Dionys também começou em relação a Robert. Eu o conhecera acamado, ao retornar de Dachau, onde os sobreviventes morriam de tifo; Dionys e Georges Beauchamp tinham ido organizar sua fuga do campo, posto sob quarentena. Nosso bom gigante não pesava mais que trinta e cinco quilos e foi salvo por um médico que sabia tratar vítimas da fome, pois vivera na Índia. A cada uma das minhas viagens, Robert, restabelecendo-se de mês em mês, voltava a ser o bom gigante que sempre fora, tentando entender por que recuperava o físico anterior à deportação. "É o metabolismo", explicávamos, mas não sabíamos muito bem o que vinha a ser o metabolismo. O rosto de Robert não transmitia apenas cordialidade: uma extrema bondade. Para mim, seu rosto era o rosto do príncipe Michkin em *O Idiota*.

Marguerite mora no número 5 da rue Saint-Benoît, no coração de Saint-Germain-des-Prés. Essa ruazinha liga a rue Jacob ao boulevard Saint-Germain, tendo de um lado o Café de Flore e do outro a livraria La Hune. Perto do Flore, o Hotel Montana, onde moram escritores e artistas, entre eles Juliette Gréco. Nós ocupamos um quarto do vasto apartamento. Robert também tem um quarto. Dionys, que aparece todo dia, acaba sendo retido toda noite, e dorme num sofá-cama. Marguerite é a abelha-rainha, a fada da casa. E completamente mulher: cozinheira, dona de casa, escritora e também beleza fatal. Marguerite tem um corpo gracioso de adolescente, mas um rosto magnífico pelo contorno oval, a boca e o olhar. E certo ar eurasiano, embora oficialmente seu pai tenha sido um francês proveniente da metrópole. Sentíamo-nos muito atraídos um pelo outro, e nas festas dançantes seus dedos me abriam a braguilha, mas eu ficava inibido, pensando em Violette e Dionys, que por sua vez tinha lá seus amores clandestinos, dos quais nada sabíamos. Embora já nessa época fizesse muitas conquistas, com um quadro de caça dos mais cheios, Marguerite viria mais tarde a me recriminar por não ter dormido então com ela. (E, também tardiamente, Dionys lhe responderia: "Mas, Marguerite, todos nós dormimos com Edgar!" Foi a declaração de amizade que mais me comoveu.) E ela também declarou, mais tarde igualmente, com uma sábia ironia, durante um programa de rádio no qual eu a apresentava como a abelha-rainha da rue Saint-Benoît: "Nada disso, Edgar, é porque nós devíamos ter tido uma história juntos!"

Ela cozinha, torra seu café num forno, administra o bom funcionamento do apartamento, escreve um romance, convida para almoçar ou jantar amigos escritores da Gallimard ou de outras editoras. Assim foi que conheci em sua casa Raymond Queneau, Georges Bataille, Albert Camus (que já encontrara rapidamente em Lyon), Maurice Merleau-Ponty, Maurice Nadeau, Jacques Lacan, André Frénaud, Claude Roy. Mas, apesar de certa proximidade intelectual, o clã Sartre e o clã Saint-Benoît não confraternizavam, muito embora alguns sartro-durassianos servissem de mensageiros entre os dois (e por sinal Marguerite teve em uma época como amante o sartriano J.L.B., que foi obrigado a romper com ela por pressão beauvoiriana. "É como se me cortassem um braço", disse ela), uma vez que havia uma rivalidade entre Beauvoir e Duras: Beauvoir se prevalecia da sedução filosófica, Duras, da sedução física; Beauvoir já era conhecida, Duras queria tornar-se: seu primeiro livro, *La Vie tranquille*, tinha sido meio abafado pela literatura resistente de depois da Liberação, mas *Un barrage contre le Pacifique* começara a torná-la conhecida. Ambas se consideravam a maior escritora da época (Marguerite chegava a menosprezar Colette).

Nós estávamos muito distantes da esfera oficial dos escritores comunistas e aparentados que gravitavam em torno de Aragon e Elsa Triolet. Eu visitei apenas uma vez o Salão do CNE (Comitê Nacional dos

Escritores), numa rua nobre perto do Eliseu, o que foi suficiente: como num romance balzaquiano, os homens e mulheres de letras pareciam cortesãos jogando conversa fora e intrigando à espera do cumprimento estereotipado de Aragon ou Elsa: "Você tem muito talento." Um ano depois da Liberação, Elsa tinha decretado que um escritor reacionário não podia ter talento.

Os jantares na rue Saint-Benoît eram eufóricos. Nós conversávamos, contávamos piadas, ríamos, bebíamos, cantávamos. Marguerite cantava *L'Amour de moi, Les Petits Pavés, Le Fiacre, Ramona* (que ela adorava); do meu repertório faziam parte cantos revolucionários como *Front rouge, Komintern*, o *Canto dos partisans* soviético, o *Canto dos deportados* de Buchenwald (ou *Canto dos pântanos*), os cantos da Guerra Civil espanhola: *Carmela*, a *Quinta Brigada*... Cantávamos em coro o *Chant des partisans* francês, *Les Feuilles mortes*, e depois dançávamos. Ou então saíamos. Almoçávamos ou jantávamos no Petit-Saint-Benoît ou no Assassins. Ainda não havia restaurantes chiques. Íamos em seguida ao Tabou, onde Boris Vian tocava trompete, ao La Rose rouge, onde Juliette Gréco apresentou-se pela primeira vez, ao Vieux Colombier, onde Mezz Mezzrow, seguido de Sidney Bechet, nos apresentou ao velho estilo New Orleans. Ouvíamos nem me lembro onde Mouloudji, os Irmãos Jacques, Jacques Douai, o amável trovador que eu voltaria a encontrar em várias oportunidades.

Saint-Germain-des-Prés está, então, em flor. É o centro da fauna inte-lectual e artística da época, que frequenta Le Flore, Les Deux Magots, Le Bonaparte. O restaurante Lipp se divide entre intelectuais e políticos. Várias livrarias marcam bem a identidade do bairro, não apenas La Hune, mas também Le Divan e duas ou três outras. Existe uma concen-tração de editoras num raio restrito, como a Seuil e Les Éditions de Minuit, ou bem próximas, como Gallimard, Julliard, Grasset, Fayard. Posteriormente, a maioria delas emigrou, e a densidade intelectual do bairro deu lugar a um transbordamento turístico querendo chegar perto de algo que não existe mais. Na época, escritores e editores se encontravam nos cafés e restaurantes locais. O Royal Saint Germain ainda não tinha dado lugar a uma *drugstore*, que seria seguida de uma loja Emporio Armani; os livros ainda não tinham sido substituídos pelas roupas. O mercado da rue de Buci ainda era popular e barato, sem os *traiteurs* chiques de hoje em dia. A abundância alimentar só retornaria lentamente com o passar dos anos.

*

Nossos dias eram marcados por encontros e debates no salão de Marguerite ou no Flore. Dionys era o único que "trabalhava". Levantando-se tarde, como todos nós, ele ia depois do almoço para seu escritório na Gallimard, e, por volta das 17 horas, Robert e eu íamos buscá-lo para alguns drinques no café vizinho, L'Espérance. A bela mansão ocupada pela editora Gallimard, onde eu tinha conhecido Jean Paulhan durante a Ocupação, tinha para mim algo de sagrado quando eu subia a escada que levava ao escritório de Dionys, onde encontrava escritores cujas obras admirava. Não sei exatamente quando foi que começaram os famosos coquetéis da Gallimard, nos quais eu acabava bem embriagado na sucessão de taças de champanhe, o que não deixava de espantar Merleau-Ponty: "Edgar está com algum problema? De coração partido?" Não, era toda aquela alegria que me induzia à embriaguez. E por sinal eu fazia coquetéis alcoólicos que me deixavam no dia seguinte com uma ressaca daquelas (as crises do fígado viriam mais tarde, depois da minha hepatite de 1962).

Além do grupo da rue Saint-Benoît eu frequentava o grupo da *Action*: Pierre Hervé, Pierre Courtade, Maurice Degliame, aos quais se juntaram Jacques-Francis Rolland (que também frequentava o grupo Sartre e a rue Saint-Benoît), além de algumas musas. Nada de ortodoxos do Partido, nada, ainda, de controle severo dos intelectuais. Também nesse caso, jantares alegres nos quais ironizávamos os vícios do Partido, sua "*langue de bois*"* (a expressão inventada por Milosz só entraria mais tarde para a linguagem corrente).

Também me encontro com frequência com Clara Malraux, que conhecera em Toulouse na companhia de sua filha Florence. Ela se instalou inicialmente na casa de uma tia de André, no bairro de Vaugirard, e eu me lembro de um encontro certa noite com ela na casa dessa tia. Bateram à porta, ela veio abrir para me receber e deu com André Malraux de uniforme, voltando às pressas da frente, e que ficaria de passagem na casa da tia para em seguida seguir para Périgueux, onde sua companheira, Josette Clotis, acabava de morrer acidentalmente. "Meu querido, pobrezinho!", exclamou Clara, e Malraux logo tratou de se desvencilhar. Pouco depois, foi a minha vez de bater, e Clara, abalada, contou-me o incidente. Mais adiante, creio ter sido o intermediário entre Clara e Jean Duvignaud, jovem intelectual comunista dos mais malrausianos,** que se instalou no sótão da casa de Léo Hamon e lá promoveu noitadas nas quais conheci, entre outros, o pintor Atlan, que ainda não era famoso e fazia compras puxando um jinriquixá.

Encontrávamo-nos também com Georges Friedmann, o sociólogo que eu tinha conhecido quando refugiado em Toulouse. Eu não deixara de encontrá-lo durante o período de clandestinidade, levando-o a crer (era pelo menos o que eu acreditava) que o Partido Comunista tinha mudado, humanizando-se de certa forma etc. Ele estava entre os "companheiros de estrada" algo críticos em relação ao PC, juntamente com Jean Cassou, Louis Martin-Chauffier, Claude Aveline e alguns outros que tinham publicado *A hora da escolha*, mas acabaram sendo forçados pelos acontecimentos a optar por uma atitude mais

---

* Literalmente, língua de madeira. Expressão muito usada na França para designar uma fala política, artística etc., na qual as palavras servem para abrandar, ocultar ou desvirtuar a realidade. (N. T.)
** Admirador de André Malraux. (N. T.)

francamente crítica. Encontrávamos também Vladimir Jankélévitch, grande amigo de Violette, com sua nova esposa, e o admirável Cassou, seu cunhado, herói da resistência toulousina.

O cinema entra num novo período de esplendor com *O boulevard do crime*, de Carné, e a chegada de filmes americanos da época da guerra, entre os quais *E o vento levou*. A Cinemateca é fundada por Henri Langlois, e nós descobrimos obras-primas do passado, especialmente *Tabu*, de Murnau.

A curiosidade nos leva a Notre-Dame para ouvir os sermões de Quaresma do reverendo padre Riquet, antigo deportado, que sempre começava interpelando "meus caros confrades, minhas caras confreiras..."

*

Nesse período, nosso mundinho fechado de resistentes foi-se abrindo aos poucos para não resistentes, a começar por Sartre, Merleau-Ponty e outros colaboradores de *Temps modernes*. Eu parei de desprezar os que nada fizeram. Dei-me conta do quanto o comunismo me fizera perder o senso crítico. Assim foi que, numa das minhas estadas em Paris, quando estava lotado na Alemanha, Clara Malraux me apresentou num café da rue Soufflot a Raymond Aron, curioso de informações sobre a Alemanha, que conhecera bem. Em dado momento, eu disse a respeito dos habitantes da zona soviética, ainda não denominada DDR (RDA): "Pelo menos eles não precisarão passar pela democracia formal!" Aron então exclamou, não sem certa irritação: "Pois então vamos falar de democracia real!" Eu gaguejei um par de argumentos anticapitalistas, mas algo em mim sabia o que a ideologia ocultava da minha consciência: que a "democracia real" nada tinha de real. Na verdade, nós recalcávamos na consciência, sem chegar a apagá-lo, este ou aquele episódio, como o fato de os soviéticos terem permitido que o exército alemão esmagasse em 1944 a insurreição de Varsóvia.

A célula comunista de Saint-Germain-des-Prés tinha alguns trabalhadores e muitos intelectuais. Juliette Gréco apareceu por lá uma ou duas vezes. Eu tinha doutrinado Dionys, Robert e Marguerite, que aderiram no início de 1946 por influência minha. Marguerite chegou inclusive a vender *L'Humanité* algumas vezes na frente da igreja de Saint-Germain. Lembro-me vagamente de algumas de nossas reuniões. Numa delas, em meio aos preparativos para o jornal da célula, solicitou-se a uma jovem neófita, candidata a starlette, que escrevesse um artigo justificando sua adesão. Como a mocinha ficasse na sua, Marguerite, maternal, tentou aconselhá-la: "Você sabe desde quando o Partido existe?" "Sim, há muito tempo..." Até hoje eu não sei se a jovem militante conseguiu gestar seu artigo.

Só mais tarde, em 1949, Marguerite, Robert, sua companheira, Monique Régnier, e Dionys foram expulsos da célula por motivos que já mencionei. Na época, era possível para nós sermos comunistas, irônicos e críticos (em relação àquilo que julgávamos serem excessos do Partido e que não passavam dos seus exageros naturais). Foi depois de uma reunião de célula, com a participação de Marguerite, Robert, Dionys, Eugène Mannoni, jornalista em *Ce Soir*, Jorge Semprun e Monique Régnier, que Mannoni chamou Laurent Casanova, membro do Birô Político encarregado dos intelectuais, de "cafetão", seguindo-se, como de costume, os comentários irônicos a respeito de Aragon, Elsa, Kanapa e outros. Em 1949, contudo, os tempos tinham mudado, e Semprun considerou de bom alvitre levar as declarações indecentes a seu amigo Martinet, outro comunista do bairro, e os dois decidiram enviar um relatório à Federação para denunciar os comentários ultrajantes. Teve início então uma investigação que acabou levando à expulsão dos meus amigos. Como deixara Saint-Germain-des-Prés, eu não pude me beneficiar da medida.

Para nós, como para os companheiros de estrada, a expulsão equivalia ao *herem* judaico que se abateu sobre Spinoza e à excomunhão católica. Essa maldição, com efeito, deixava o expulso em quarentena. Era muito disseminada na época a ideia de que, como tal, ele passava a ser movido por um rancor mórbido, inimigo do Partido e anticomunista visceral. "Dê um jeito de não ser expulso!", recomendava Sartre a Claude Roy.

Uma dupla decantação ocorrera, primeiro entre os intelectuais comunistas e os demais — à exceção dos ingênuos companheiros de estrada — e depois entre os próprios intelectuais comunistas. O jdanovismo à francesa estabelecido por Laurent Casanova separou para em seguida opor dois tipos de personalidades: aqueles para os quais a cultura não podia ser sujeitada à política, e que assim não aceitavam o controle do Partido sobre ela — no fim das contas, alguns acabaram abandonando suas fileiras —, e aqueles que aceitavam essa tutela do Partido, entre eles o pequeno clã fanático animado por Jean Kanapa, que se expressava em *La Nouvelle Critique*, fundada em dezembro de 1948. Houve quem mudasse então de campo e de personalidade. O jovial e benevolente tornava-se assim lohengriniano, torquemadesco, perseguindo implacavelmente o mal e a heresia. Dominique Desanti, gatinha rebelde, transformou-se então em feroz tigresa contra os elementos sediciosos da rue Saint-Benoît. Como lembrei em *Autocrítica*, o Nobel de Gide, a entrevista de Vittorini, as sessões casanovianas, entre elas uma famosa reunião na Salle Wagram, acabaram de rematar essa decantação: tornamo-nos dissidentes culturais sem ousar ainda nos transformar em dissidentes políticos.

*

Depois de alguns meses de hospedagem na rue Saint-Benoît, eu começo a ficar sem dinheiro. Curado, Robert também precisa ganhar a vida. Ficamos sabendo por um amigo nosso, Fougerousse, antigo deportado em Mauthausen, que a FNDIRP (Federação Nacional dos

Deportados e Internos Resistentes e Patriotas) procura um diretor de propaganda e um redator para seu jornal bimensal, *Le Patriote résistant*. Ele oferece o primeiro cargo a Robert, e o segundo, a mim. Nós aceitamos.

Eis-nos então no mesmo escritório, eu e Robert, na rue Leroux, perto da praça Victor-Hugo, numa espécie de grande mansão particular adaptada. A FNDIRP fora criada, ao fim da deportação, pelo comunista Marcel Paul e pelo coronel Manhès, que contara em Buchenwald com a amizade protetora daquele e presidia a associação. O secretário-geral era Maurice Lampe, ex-combatente da Guerra Civil espanhola, companheiro de André Marty, e o segundo na hierarquia, Fredo Ricol, irmão de Lise Ricol, esposa de Arthur London, rapaz cheio de iniciativa que fundou em especial uma policlínica para deportados. Monique Régnier, companheira de Robert, era nossa secretária. Um jovial antigo deportado, Gentelet, era nosso vizinho de escritório. O clima era quase familiar, simpatizávamo-nos muito com Ricol e ouvíamos Lampe evocar suas lembranças de velho militante. Os deportados judeus eram identificados como "deportados patriotas", agrupando-se em associações próprias de cada campo (eu me liguei à dirigente da associação de Auschwitz). A deportação de presos políticos ocultava na época a deportação de judeus, e só tardiamente é que esta, com o nome de Shoah, passou a eclipsar aquela.

Meu adjunto no jornal era um tal de Blitz, rapaz irreverente que nos relatava seus amores adúlteros com uma certa Sra. Marcheboeuf, mostrando sua foto nos trajes mais sumários, e que, dizendo à esposa que ia a Grenoble a trabalho, mas permanecendo na verdade em Paris, consultava a meteorologia da região de Isère e, na nossa presença, escrevia à mulher: "Querida, aqui o tempo está chuvoso, morro de tédio e de saudade etc." Ele entregava a carta a um colega que de fato partia para Grenoble e que, de lá, a botava no correio. Blitz era incapaz de redigir um artigo, a única coisa que sabia fazer e apreciava era andar de moto. De minha parte, eu tinha de executar um trabalho debilitante: recebia editoriais em *langue de bois* exigindo castigo para os carrascos dos campos e uma pensão decente para os deportados, assim como comunicados de publicação obrigatória. Como os artigos de Manhès eram sagrados, tinham de ser publicados na íntegra. Eu escrevia a crônica literária, podendo falar de Colette ou Henri Calet.

Certo dia, fiquei encantado de receber um texto vivo: o autor, Jacques Gabillon, antigo deportado de Buchenwald, contava sua convalescença na Floresta Negra e descrevia de forma poética as paisagens, seu estado de espírito. Providenciei para ele uma bela paginação, ilustrada com fotos de pinheiros. Duas semanas depois, o autor, que trabalhava numa pequena empresa perto de Bordeaux, chega ao meu escritório de mala na mão e me entrega seu cartão de visita: "Jacques Gabillon, escritor". A vida inteira ele sonhara ser publicado, escrevendo romances, sendo recusado pelos editores, e fez carreira de funcionário na SNCF. Mais tarde (1960), participei das filmagens de várias entrevistas com ele e sua mulher, em *Chronique d'un été*.

No dia de pagamento, Monique Robert e eu íamos ao bar na esquina do boulevard Victor-Hugo com a rue de Tilsitt e tomávamos ritualisticamente um velho vinho do Porto acompanhado de biscoitos.

*

A FNDIRP foi sacudida por um drama: Lampe e Ricol, já agora rivais, acusavam-se reciprocamente de imobilismo e aventureirismo. O Partido interveio, destacou Lampe para a "produção" e atribuiu uma nova função a Ricol (membro de uma grande família do Partido, ligada a Raymond Guyot).

O Partido convoca-me também ao número 44 da rue Le Peletier, sede do Comitê Central. Já na entrada, o recém-chegado é severamente examinado por leões de chácara que hoje seriam chamados de "gorilas". É obrigado a apresentar sua identidade, informar o objetivo da visita, esperar alguma verificação nos andares superiores, e então um dos leões de chácara me conduz ao escritório do dirigente, Marcel Servin. Ele está lendo *L'Humanité* com extrema concentração. Eu espero. Finalmente ele levanta os olhos do jornal: "Sente-se." Esse alto dirigente do Partido oferece-me uma função na página literária de *L'Humanité*. Como julga estar-me fazendo uma grande honra, fica estupefato ao me ouvir: "Camarada, prefiro ir para *La Vie ouvrière*" (jornal da CGT). Eu explico que não estou totalmente de acordo com a linha literária do partido. "Pode mencionar camaradas que estariam dispostos a depor em seu favor?" Eu menciono Pierre Hervé e Pierre Courtade. Hervé não me comprometeu, mas Courtade me declarou "titista", o que era imperdoável. De modo que também fui mandado para a "produção", dando início a uma carreira de desempregado intelectual...

*

A guerra fria traçou uma linha de demarcação e depois cavou um fosso entre os comunistas e seus simpatizantes, por um lado, e, por outro, aqueles que ousavam criticar a União Soviética, como Albert Camus. Lembro-me de uma festa na rue Saint-Benoît pelo casamento de Jorge Semprun e Loleh Bellon, creio eu; Violette, meio embriagada, vira-se para Camus de repente e pergunta, sem mais aquela: "Mas por que diabos você só escreve besteira, meu pobre Albert?" Eram na verdade seus editoriais mais lúcidos, mas nós não queríamos enxergar, transferindo para ele e os outros intelectuais da esquerda crítica a denúncia hegeliana dos "grandes corações" e das "belas almas".

Sem que ainda tivéssemos consciência, a guerra fria já se anuncia, em 1946, nos discursos de Churchill contra a "cortina de ferro" que desceu entre o Leste e o Oeste (março), no início da guerra civil grega

MINHA PARIS, MINHA MEMÓRIA

(setembro) e no desencadeamento da guerra da Indochina (novembro). E acaba explodindo, se assim podemos dizer, em março de 1947. Truman lança a doutrina do *containment* (impedir o avanço do comunismo) e, em junho, o Plano Marshall de ajuda econômica, aceito mas depois recusado pela Tchecoslováquia e denunciado pela União Soviética como vetor do imperialismo americano. A União Soviética acelera e amplia sua colonização das democracias populares. Em outubro, a criação do Kominform garante o domínio absoluto do Partido Comunista soviético sobre todos os demais partidos comunistas europeus. Jdanov promulga a teoria dos dois campos inimigos, relegando a social-democracia ao campo imperialista. O Partido Comunista Francês empreende uma frenética campanha contra a coca-colonização da França pela América (US *go home*!) e justifica incondicionalmente a URSS. Finalmente, em setembro de 1947, Jdanov decreta a condenação da cultura burguesa e a promoção do realismo socialista, opondo a verdadeira ciência — marxista-leninista — à pseudociência burguesa.

O conflito se agrava em 1948: o golpe de Praga entrega o monopólio do poder ao Partido Comunista. O bloqueio de Berlim Ocidental tem início em junho, terminando apenas em maio de 1949. A Iugoslávia titista é excomungada, e o titismo, denunciado (de maneira "científica", disse Courtade) como uma forma de fascismo.

*

Marguerite continuava recebendo ecleticamente escritores de todo tipo, mas o "grupo da rue Saint-Benoît", que Dionys viria mais tarde a institucionalizar retrospectivamente, era formado apenas, em seus debates vesperais, de comunistas ou simpatizantes, entre eles J.-F. Rolland e eventualmente também os Desanti, antes de haver o rompimento entre nosso grupo e a política intelectual do Partido. Michel Herr, que se tornara comunista durante a Resistência, na qual o conheci, e que eu havia reencontrado no I Exército, onde ele sonhava convencer Lattre a criar uma universidade hegeliano-marxista em Constança, empenhou-se então em atribuir ao grupo uma tarefa positiva: organizar os arquivos de *L'Humanité*. Batizou o grupo de GEM (Grupo de Estudos Marxistas) e convenceu dois ou três de nós a passarem as noites no *L'Huma*, onde nos revelamos absolutamente incapazes de fazer a triagem em montanhas de papéis, o que nos valeu o sarcasmo de Pierre Courtade quando nos viu em ação. Não havia mente mais cética nem crítica que Courtade antes de ser transformado pelo processo Rajk em conformista obtuso e fanático.

Minha volta à França em 1946 não foi marcada apenas pela minha integração à comunidade durassiana. Foi acompanhada também de uma integração mais franca ao Partido Comunista. No momento em que eu escrevia *O ano zero da Alemanha* em Baden-Baden, a doutrina do Partido era antiboche, e o povo alemão era coletivamente considerado responsável pelo nazismo. Meu livro, num capítulo em cuja redação Violette muito me ajudou, demonstrava pelo contrário que não pode haver povo globalmente culpado, que essa tese é absurda, e eu reabilitava o povo alemão como povo. Lembro que Émile Bottigelli, filósofo comunista, admirador de Engels, deu uma olhada nesse capítulo, em Baden, e disse: "Você vai ser expulso!"

Na verdade, eu fui mais incluído! Meu livro foi publicado no momento em que Stalin, como já disse, condenava Ehrenburg por ter escrito: "Eu só conheço um tipo de alemão bom, é um alemão morto." No exato momento em que o Partido Comunista Francês precisa assumir de uma hora para outra essa virada brutal, meu livro cai nas mãos de Maurice Thorez, que instrui a imprensa do Partido a elogiá-lo. O excluído em potencial torna-se então um grande incluído. *Lettres françaises*, semanário do Comitê Nacional de Escritores (na verdade controlado pelo Partido), me abre suas páginas. Eu publico então um artigo sobre a Berlim de junho-julho de 1945, que eu conheci, e depois

MINHA PARIS, MINHA MEMÓRIA

outro sobre o Festival Mundial da Juventude organizado em Praga em 1947 (antes do golpe comunista de fevereiro de 1948). Faço amizade com o redator-chefe, Loÿs Masson, delicado poeta das Ilhas Maurício, e gosto muito do rústico Claude Morgan, o diretor, bravo cumpridor de ordens.

Responsável pelos intelectuais do Partido, Laurent Casanova solicitara a *Lettres françaises* que publicasse uma crítica impiedosa dos Estados Unidos a partir de um livro americano efetivamente muito crítico, publicado no Reader's Digest. Eu escrevo um artigo que se limita a lamentar a degradação cultural desse tipo de imprensa; o artigo deixa Casanova muito insatisfeito — eu devia ter condenado a revista como instrumento ideológico do imperialismo americano em todo o mundo.

Nesse momento, a doutrina Jdanov representa uma grande virada no plano cultural. A crítica jdanovista de tudo que não seja realismo socialista, como o "formalismo" na pintura e nas outras artes, era acompanhada, como vimos, do dogma das duas ciências: a proletária, com Lyssenko, e a falsa, burguesa, idealista e falaciosa em vigor no Ocidente. Estava em marcha a arregimentação não só da literatura, mas de toda a vida intelectual.

Apesar de contestar vigorosamente essa cretinização, nem Dionys, nem Robert e nem eu questionávamos a política do Partido. O que veio depois eu já contei em *Autocrítica*. Aproveitando a passagem por Paris de nosso amigo Elio Vittorini, escritor, membro do Partido Comunista Italiano, no qual o dogmatismo jdanovista gerava resistências reconhecidas pelos dirigentes, nós o entrevistamos para *Lettres françaises*; ele declarou sem rodeios que não se pode confundir a frente política e a da cultura, que esta deve preservar sua autonomia, que a seus olhos o comunismo era, em suma, protestante (crítico), e não católico (dogmático).

Essa entrevista provocadora levou Laurent Casanova a reagir, reunindo os intelectuais do Partido e afirmando, ao falar de Vittorini:

"Como é que esse italiano vem nos dar lições a nós, franceses?" Eu sou o único a reagir, dizendo que a nacionalidade de Vittorini nada tem a ver com o problema em pauta. O Partido promove duas reuniões, permitindo aos dissidentes fazer um relatório (na primeira, eu mesmo assumo a defesa das teses de Vittorini; na segunda, Antelme critica severamente as teses de Kanapa). Em seguida, somos condenados ao silêncio.

Houve ainda duas escaramuças provocadas por mim. Uma delas após a concessão do Nobel a André Gide. A imprensa comunista caiu em cima do "velho fascista pederasta". Kanapa e Dominique Desanti recorreram contra ele aos argumentos mais indecentes. Eu publiquei um artigo em *Action* para mostrar que a obra de Gide fora salutar, especialmente no caso de *Les Nourritures terrestres*, mas que Gide certamente se tornara "fariseu" na velhice. Reação furibunda de um certo Hoffman em *Action*, preconizando a total condenação e a rejeição global de Gide.

Ainda escrevi para *Lettres françaises* um artigo exaltando Rousseau; ele foi condenado como antimarxista.

*

Em março de 1947, os comunistas são excluídos do governo. Passam então a fazer feroz oposição, apoiando uma grande greve dos mineiros do Norte, reprimida entre outubro e novembro por sessenta mil policiais e tropas especiais. Nós estamos então em empatia com o proletariado das minas, mas também em ruptura cultural com o Partido.

Marguerite e Violette ficaram grávidas quase simultaneamente — uma no fim de 1946 e a outra no início de 1947 — e nós tivemos de deixar o Oásis, o que ocorreu nesse mesmo ano. Assim chegava ao fim minha breve mas intensa temporada em Saint-Germain-des-Prés.

Mas nem por isso deixo de continuar como o elétron mais próximo do núcleo constituído pelo trio Marguerite-Dionys-Robert. Violette e eu continuamos frequentando assiduamente a rue Saint-Benoît, e o trio nos visita em nossos sucessivos apartamentos. Não só nós confraternizamos, como a luta política vai nos unir ainda mais: contra a guerra da Argélia, depois a favor do outubro polonês e da revolução húngara. Estará então consumado o rompimento com o comunismo soviético e o Partido Comunista Francês.

V

De Vanves a Rueil

1947-1957

Violette e eu nos mudamos para Vanves, passando a morar num pequeno apartamento cujas janelas dão para o Parc des Expositions. Eu tomo o metrô Porte-de-Versailles e, quando volto para casa e há alguma feira de produtos da terra, atravesso o parque, parando para degustação nos estandes de vinho.

Nossa filha Irène nasce a 1º de setembro de 1947; o parto é feito pelo doutor Lamaze, pioneiro na França do parto sem dor, no qual foi iniciado na URSS, e depois chega Véronique a 1º de setembro de 1948, na policlínica Bluets do boulevard Voltaire, filiada à CGT, onde meu amigo Romuald me faz companhia à noite, à sua espera.

Nosso bairro é bem tranquilo. O dono da pequena mercearia em nosso quarteirão é muito gentil com nossas filhas. No prédio ao lado moram Duduy, comunista, que tem uma galeria de pintura realista-socialista no boulevard Raspail, e sua mulher, cuja verdadeira identidade só muito mais tarde eu viria a descobrir; em compensação, não demorei nada a descobrir sua maldade viperina. Na sessão convocada para decidir sobre minha expulsão em 1951, por exigência da responsável do Partido, Annie Besse, que mais tarde seria mais conhecida nas páginas do *Figaro* pelo nome de Annie Kriegel, enquanto os outros militantes, com ar de espanto, não estavam preocupados em me atacar, a Duduy exclama: "Nunca se deve dirigir a palavra a um expulso! Um expulso é um inimigo jurado do Partido!" Só depois da libertação do assassino de Trotski, Ramón Mercader, do seu calabouço mexicano é que eu ficaria sabendo, através de um artigo em não sei mais qual jornal, que ele tinha uma irmã, a Sra. Duduy.

Num conjunto habitacional bem próximo mora Manès Sperber, antigo membro do Komintern que rompeu com o comunismo na época dos processos de Moscou e relatou sua experiência de forma romanceada em *Et le buisson devint cendre*. Ele de novo me situa em minha cultura política antistalinista de adolescente, no período anterior à guerra, e tudo que eu havia recalcado nos porões da mente volta então à consciência. Eu gosto de ouvi-lo falar de forma densa e volúvel, com seu forte sotaque austríaco.

A Duduy e Manès Sperber: a cem metros de distância, estando eu no meio, os dois polos antagônicos aos quais conduz a experiência comunista, o do fanatismo cego e impiedoso e o da revolta espiritual e da dissidência.

Um pouco mais adiante, perto do boulevard externo, na pracinha Desnouettes, reside Jean-Paul Valabrega, que conhecemos quando estudante de filosofia em Toulouse. Sua mulher, Touti, é filha do pintor Cavaillès. Nós nos frequentamos assiduamente. Jean-Paul converteu-se à psicanálise e faz análise didática com o professor Parcheminey, que dormita enquanto ouve seu paciente deitado no divã. Foi Valabrega que me levou a Freud, descoberta para mim capital — não a do terapeuta, mas a do pensador antropológico, na época em que eu preparava meu livro *O homem e a morte*.

Não lembro mais quando foi exatamente que eu consegui que uma encantadora vizinha do térreo, mulher abandonada, mãe de um menino (nós trocamos olhares ao nos cruzar), aceitasse hospedar meu amigo Georges Auclair e sua mulher Lily. Georges trazia em si uma grande melancolia, atenuada pela presença de Lily; foi com eles que demos um primeiro passeio de 4 CV pelos Champs-Élysées.

Marguerite tem um Peugeot conseguido graças a um vale-prioridade concedido por François Mitterrand, então ministro. Na época, era necessário esperar até um ano para receber o veículo ambicionado. Marguerite se diz disposta a solicitar a Mitterrand outro vale-prioridade para nós. Mas será que eu podia aceitar um favor de um ministro de um governo burguês anticomunista? Realizamos então um conselho de guerra — Marguerite, Violette, Dionys e eu. As mulheres são favoráveis à aceitação do favor; os homens, à recusa. Mas a recusa não tem muita convicção, e no fim das contas eu aceito. Uma vez aceito o vale, contudo, vejo-me diante de um dilema corneliano: agradecer a Mitterrand seria prestar obediência à burguesia, não agradecer seria uma vergonha. Eu acabo redigindo uma carta de agradecimento.

A 4 CV chega, assim, rapidamente a nossas mãos. Eu tinha facilmente conseguido uma carteira de motorista em Périgueux. Nossa primeira saída, com os Auclair, nos leva pelos Champs-Élysées, mas somos abalroados numa meia-volta intempestiva na avenida, e o carro fica uma semana no conserto.

Durante várias décadas, até meados dos anos 80, quando a capital tornou-se cronicamente engarrafada, o tráfego fluía bem. Eu gostava de percorrê-la, escolher meus itinerários ao sabor de uma estratégia que combinava o imediato, as distâncias médias e a longa distância. Era preciso saber mudar oportunamente de faixa: às vezes a da direita estava mais livre, mas de repente era obstruída por um caminhão de entrega. Estacionar em Paris era fácil: ainda não existiam na época cartões de estacionamento nem mecanismos de registro nas vagas.

*

Eu morava em Vanves quando fui "alocado na produção" e me tornei um intelectual desempregado. Pai de família, não tinha como atender às necessidades dos meus. Violette conseguiu uma colocação temporária de professora de Filosofia no Colégio Paul-Bert. Eu me inscrevi num escritório de atendimento a desempregados do meu tipo. O simpático funcionário que me recebeu mandou que eu preenchesse um questionário e manifestou sua admiração pelo meu currículo: "Ah, comandante na Resistência, chefe de escritório do governo militar em Baden-Baden, ex-redator-chefe de um periódico... Não tenho aqui nada que corresponda à sua alta competência, mas estaria disposto a aceitar uma posição de nível mais baixo?" Eu concordei com entusiasmo. "Infelizmente, não temos... Mas será que à falta de melhor não aceitaria um cargo de ajudante de bibliotecário? — Mas claro! — Infelizmente, não temos tampouco... Mas em último caso aceitaria um trabalho remunerado por hora para redigir endereços em envelopes? — Em último caso. — Infelizmente, não temos mais..."

Vendo-me abatido, meu amigo Jean-Paul Valabrega conseguiu para mim um emprego como representante de tinta de gráfica na empresa Auger et Gauger. No dia da minha entrevista com os Srs. Auger e Gauger, resolvi antes dar uma passada no Salão de Vinhos do Grand Palais, e de degustação em degustação acabei embriagado, encomendando caixas de *grands crus* que não tinha a menor condição de pagar. De repente, dei-me conta de que chegava a hora da entrevista, tomei o ônibus, redigi no único pedaço de papel que tinha ao alcance, e que era higiênico, o currículo a ser mostrado a meus futuros empregadores e o entreguei orgulhosamente aos Srs. Auger e Gauger, que, naturalmente, não se decidiram a me contratar.

A desgraça que esse período de desemprego podia representar também foi para mim uma grande sorte. Minha amiga Olga Wormser, que estava lançando uma coleção de ensaios de fundo histórico na editora Corrêa, pediu-me um livro. Eu propus *O homem e a morte*. Ela mandou preparar um contrato, e eu comecei a trabalhar na Biblioteca Nacional, que frequentei diariamente por mais de um ano. Pude assim criar um espaço de hábitos e conforto, com minha cadeira

MINHA PARIS, MINHA MEMÓRIA

favorita, meus livros retomados no mesmo lugar de um dia para outro e contando com a familiaridade dos atendentes e a grande amizade de Marie Susini, bibliotecária, escritora de origem corsa, que me ajudava das mais diferentes maneiras. Eu só me ausentava para fumar um cigarro, tomar um café, comer um sanduíche no almoço (ainda não havia pizzarias na época).

Fui inicialmente desbravador e explorador de bibliografias dispersas. Na verdade, sob o título "Morte", encontrávamos apenas dois ou três livros de caráter religioso. Era preciso investigar na direção da etnografia, da antropologia, das religiões, da psicologia, da psicanálise, da história, da literatura, da poesia e, naturalmente, da biologia. Pela primeira vez meu intelecto abria suas asas para sobrevoar disciplinas distintas e afinal mergulhar, como a águia em direção à presa, na informação interessante, registrando-a numa ficha. Eu fazia inúmeras descobertas, sentindo uma volúpia intelectual sem equivalente. Acumulava anotações numa quantidade cada vez maior de fichas, cada uma delas com um título provisório. Que maravilhosa viagem não foi aquela para mim, percorrendo a imensidão dos saberes imóvel em minha cadeira na BN! Creio que poderia passar ali a minha vida. Era ao mesmo tempo monacal e gozoso, místico, austero e epicurista.

Conheci na biblioteca um velho cavalheiro assíduo como eu. "Não como o senhor", corrigiu ele: "Estou aqui desde 1905. Eu era um jovem rico, com carruagem e valete, voltado apenas para os prazeres materiais, quando um belo dia entrei por curiosidade na Biblioteca Nacional, de onde nunca mais saí. Vendi a carruagem, dispensei o valete e mergulhei nos livros. Depois, tive a ideia de coletar conhecimentos insólitos a serviço de pessoas curiosas e fundei uma publicação, *L'Intermédiaire des curieux*, na qual, graças a minhas leituras, posso responder às perguntas mais diversas."

Eu experimentava a dolorosa alegria de ver na ponta dos meus dedos uma estrutura adquirir forma, de sentir aquele embrião de livro se alimentando dos meus neurônios, sugando a vida de mim. Estrutura alterada, corrigida, recomeçada, até que chegou o momento de uma primeira redação manuscrita, um rascunho, e, então, de uma primeira datilografia que me deu uma amiga, à qual retribuí com uma remuneração.

Comecei a trabalhar no texto datilografado num café próximo do Colégio Paul-Bert, no qual Violette vinha ao meu encontro para tomar chá depois das suas aulas. Foi inicialmente na varanda do Dôme, bem tranquila, onde algumas mulheres sozinhas esperavam um encontro. Passada uma semana, o garçom veio me dizer que a aura espiritual irradiada por minha estudiosa pessoa perturbava as ondas eróticas emitidas pela senhoras. Tratei então de emigrar para La Coupole, quase deserta entre as refeições, sentando-me a uma mesa do fundo do salão, não longe da que era reservada a Sartre, nunca ocupada por ele em minha presença. Eu ficava encantado com essas horas de correção e modificação do texto, nas quais via o feto de livro adquirir forma. Pela primeira vez eu me expressava plenamente, com a minha "escrita" própria, como se diz, que desde então não mudou. Embora o conceito de complexidade ainda não estivesse no meu horizonte, era um trabalho complexo que eu realizava ali: conexão entre conhecimentos distintos, em geral compartimentados, identificação de contradições que meu espírito hegeliano-marxista me levava a detectar em lugares onde são ignorados pelo pensamento binário. Eu me debruçava particularmente sobre este paradoxo: como se dá que o ser humano, que tem horror da morte, disponha-se ao mesmo tempo a arriscar a vida, a dá-la por alguém, pelos seus, por sua pátria e até por seu partido?

*

Foi durante esse período em Vanves que eu passei da dissidência cultural à dissidência política. Eu não ousava protestar contra

MINHA PARIS, MINHA MEMÓRIA 99

a excomunhão da Iugoslávia titista pela URSS stalinista; não ousava seguir meus amigos, Cassou, Duvignaud, Clara Malraux, que foram a Belgrado dar seu testemunho, mas ficava indignado com as mentiras imbecis para justificar essa excomunhão e revoltado com os artigos e livros criticando Tito, "marechal dos traidores", entre eles os de Renaud de Jouvenel e Dominique Desanti. Lembro-me de um jantar na casa de minha amiga Olga Wormser, com sua irmã Hélène Parmelin, ao qual chegaram muito alegres e satisfeitos seus maridos, Henri Wormser e Édouard Pignon, o pintor, dois bravos sujeitos com o rosto radiante de felicidade: estavam chegando de um comício em prol de Tito ao qual tinham comparecido para "quebrar a cara" dos oradores; entre eles, Claude Bourdet.

Durante o processo Kravtchenko,[1] que é na verdade o julgamento de *Lettres françaises*, de janeiro a abril de 1949, meus amigos e eu considerávamos que o depoimento do desertor era em grande parte verdadeiro, mas achávamos que se tratava de excessos do passado e que a crítica da URSS contribuía para uma eventual agressão americana (só em julho de 1949 a URSS teria sua primeira bomba A). Entre os intelectuais que foram ao tribunal atacar Kravtchenko estavam Louis Martin-Chauffier, Pierre Courtade, Vercors, Emmanuel d'Astier de la Vigerie, Vladimir Pozner, Jean Bruhat, Roger Garaudy e Frédéric Joliot-Curie.

Os advogados de Kravtchenko convocaram como testemunhas de defesa foragidos do Gulag, entre eles Margarete Buber-Neumann, entregue por Stalin a Hitler, junto com o marido (dirigente comunista alemão refugiado em Moscou), logo depois do pacto germano-soviético. Seu

---

[1] Kravtchenko é um diplomata soviético que fugiu da embaixada soviética nos Estados Unidos. Escreveu o livro *Eu escolhi a liberdade!*, publicado na França em 1947, e depois, caluniado por *Lettres françaises*, processou o semanário. As testemunhas de Kravtchenko são basicamente *pessoas deslocadas* que foram internadas em campos soviéticos. Entre elas, Margarete Buber-Neumann, confinada sucessivamente em campos hitleristas e stalinistas.

depoimento foi ridicularizado como pura invenção por Joe Nordmann, advogado de *Lettres françaises*. Emmanuel Mounier, diretor de *Esprit*, fez questão de nos levar, a Robert Antelme e a mim, ao encontro dessa mulher admirável, cujo tom de autenticidade nos convenceu. Essa convicção deveria ter lacerado a membrana protetora que envolvia nossa fé, acabando por operar minha radical desconversão do comunismo stalinista. Mas o silêncio no qual me refugiei mais uma vez asfixiou minha consciência.

Esse silêncio me era constante motivo de vergonha. Felizmente para mim, em 2009, o filho de Viktor Kravtchenko, empenhado em reabilitar a memória do pai (e considerando que ele não se suicidou, tendo sido assassinado em 1966 pela KGB, em Nova York, o que é muito plausível), quis encontrar-me para obter meu depoimento sobre esse passado e permitir-me explicar o sentido do caso; e nós dois simpatizamos profundamente.

Na verdade, apesar de o caso ter sido juridicamente perdido por *Lettres françaises*, e muito embora ficasse demonstrado que foi um falso jornalista americano (meu antigo chefe na Resistência, André Ullmann, que eu tanto admirava) que forjou um documento segundo o qual *Eu escolhi a liberdade!* teria sido fabricado pela CIA, foi a mentira que acabou se impondo à maioria dos intelectuais de esquerda, à exceção de um Claude Lefort, que apesar da oposição de Sartre, mas com o apoio de Merleau-Ponty, escreveu então o artigo "Kravtchenko disse a verdade" em *Les Temps modernes*.

A 12 de novembro de 1949, o ex-concentracionário David Rousset faz um apelo aos antigos deportados dos campos nazistas para que investiguem a respeito dos campos de concentração soviéticos. Rousset e Antelme eram muito próximos, Robert sabia da existência de campos na URSS e achava que o apelo era legítimo, mas foi intimado pelo Partido a desautorizar Rousset publicamente e divulgou um texto embaraçado, cujo teor esqueci. Mais uma vez, me calei.

MINHA PARIS, MINHA MEMÓRIA

A guerra fria seguiu seu curso em 1949. A primeira bomba A soviética explode em julho; a primeira bomba H americana, em novembro. Eu queria deixar o Partido, mas não posso deixar o Partido.

O que me obceca sobretudo não é o que sei com exatidão cada vez maior do sistema soviético, não é a rinocerite que acometeu o Partido, mas antes de tudo as enormes mistificações, dissimulações e hipocrisias usadas para camuflar a realidade. Mais que a opressão, a crueldade, a bestialidade, o que me revolta é o triunfo da mentira. Mas o partido transformou-se numa espécie de placenta à qual estou ligado por um cordão do qual não consigo me desvencilhar.

Meu comunismo está em crise, e eu só penso no comunismo. É quase com indiferença que me posiciono ante a proclamação do Estado de Israel por Ben Gurion em maio de 1948 e, logo depois, ante o fato de os exércitos árabes coligados tentarem aniquilar o Estado que acabou de nascer. É verdade que acompanho de longe os combates por Jerusalém, e inclusive tenho nessa época um caso com uma beldade judia com quem me encontro em seu quarto de empregada no oitavo andar de um prédio, mas certo dia, tendo-me ela perguntado: "Você não vai se mobilizar?", eu respondo, caindo das nuvens: "Onde?" E ela, não menos espantada: "Em Israel, ora!"

*

Em setembro de 1949 sobrevém um acontecimento decisivo para mim: o processo Rajk.[2] Relatei esse caso em *Autocrítica*. Limito-me aqui a lembrar que havia na época em Paris lugares que eram como

---

[2] Nome do secretário do comitê central do Partido Comunista Húngaro durante a guerra, depois ministro do Interior da República da Hungria em 1946 e finalmente ministro de Relações Exteriores em 1948. Rakosi, vendo nele uma ameaça ao seu poder, decide fazer-lhe acusações falsas, e ele é condenado à forca com dezoito outros acusados.

"buracos negros" capazes de engolir e fazer desaparecer alguém. Meu amigo François Fejtö, que trabalhava no Centro Cultural Húngaro, na rue do Faubourg-Saint-Jacques, telefonou-me do seu escritório, apavorado, porque acabava de ser chamado de volta à Hungria (como outros que, lá chegando, seriam encarcerados). Eu acorri ao Centro e cruzei com sujeitos que me olhavam de cima a baixo, observando o que fazia e dizia. Entrei no escritório de Fejtö; ele estava fora de si, temendo ser sequestrado. Nós saímos juntos e ele abandonou para sempre aquela microdemocracia popular do 5º *arrondissement*.

Mais ou menos na mesma época, nosso amigo Szekeres, primeiro conselheiro da embaixada em Roma, também foi chamado de volta a Budapeste; imediatamente viajou para Paris, onde sua mulher se recusou a vê-lo, seus amigos do Partido se esquivaram e só Dionys e eu nos dispusemos a encontrá-lo.[3]

Eu escrevi a Dionys que pretendia me demitir. Ele respondeu que seria começar a resvalar pela "ladeira escorregadia" que levava ao lodaçal da reação. Eu, assim, não me demiti, mas tampouco cancelei minha carteira, fazendo crer que continuava no Partido.

Minha expulsão viria em 1951, em condições tragigrotescas. Na época, o expulso, escória da humanidade, traidor por essência, tem de suportar a maldição suprema. Não é só para o comunista que o excluído se torna um portador da peste, mas também para o "progressista". O expulso é rejeitado naquela que se tornara sua família, pois o Partido reveste-se de maternidade (os alemães o designam no feminino: "*Die Partei*"), paternidade (a inegável autoridade do pai) e fraternidade (do proletariado mundial).

Mas meu destino não é tão trágico quanto cheguei a imaginar na sombria noite da minha expulsão. Na manhã seguinte, eu não só me sinto alegremente livre como escapo à quarentena que os comunistas

---

[3] A respeito de seu extraordinário destino, ver *Autocrítica*, Scuil, 1959.

do Centro de Estudos Sociológicos queriam me impor, graças ao veto do secretário de célula, meu amigo Lucien Brams. É verdade que um Henri Lefebvre atravessa a rua quando me vê. É verdade que perco falsos amigos. Mas fico com os verdadeiros.

*

O ano de 1951 assinala uma virada em minha vida. Eu entro para o CNRS,* sou expulso do Partido Comunista e meu livro *O homem e a morte* é lançado.

Foi Georges Friedmann que, por amistosa compaixão, me exortou a apresentar minha candidatura à seção de sociologia do CNRS, recomendando que recolhesse depoimentos favoráveis sobre minha competência. Reuni belas cartas de Maurice Merleau-Ponty, Vladimir Jankélévitch, Pierre George. Para convergir na direção de seus interesses, elaborei um projeto de pesquisa sobre a estética na civilização industrial e fui eleito para a posição mais baixa: estagiário de pesquisa. Desde os 23 anos, eu sempre fora considerado um adulto, em vista de minhas responsabilidades. Aos 30 tornava-me "jovem" pesquisador.

Fui assim lotado no Centro de Estudos Sociológicos, no boulevard Arago, dirigido na época por Friedmann. Ele me introduz no "Conselho da Coroa" por ele chefiado semanalmente ao lado de Chombart de Lauwe, Maucorps, Touraine e dois ou três outros. Como na época não existe diploma de sociologia, os sociólogos do CNRS são um bando de *heimatlos*, de sem-teto: Desroches, padre sem hábito; Naville, trotskista sem hábito; eu, comunista sem hábito; Chombart de Lauwe, ex-aviador; Maucorps, ex-oficial de Marinha. Cada um se fez sociólogo à sua maneira. O mesmo quanto a Alain Touraine, historiador, e Lucien Brams, psicólogo, recrutados na mesma época que eu. A secretária-geral do Centro é uma dama encantadora, a Sra. Halbwachs, viúva do sociólogo morto

---

* Centro Nacional da Pesquisa Científica, na sigla em francês. (N. T.)

durante a deportação, e que por sua vez também se tornara comunista; ela me tinha discretamente advertido que corria o risco de ser expulso, mas eu não levara a informação a sério. Quando a coisa se deu, ela não deixou de se mostrar amável comigo.

Deixei de lado meu projeto de estética industrial, que me entediava, e tomei como novo objeto de pesquisa a sociologia do cinema. Por um lado, encontrava uma maneira profissional de realizar minha paixão de cinéfilo; por outro, tinha aí um tema de investigação no qual ninguém viria me contestar, já que o cinema ainda era considerado um divertimento pouco digno de interesse pelos universitários e outros intelectuais. Além do mais, num momento em que eu me tornava uma aberração na esfera comunista como na "burguesa", ali estava um tema desativado, sem terreno minado, onde eu poderia trabalhar em paz.

Tornei-me de novo um cinéfago. Praticamente toda manhã comparecia às sessões para profissionais onde eram apresentados os novos filmes franceses, e depois ia ver os novos filmes americanos nos cinemas. Tomava notas em cada projeção, valendo-me de uma caneta-lanterna de bolso. Consegui até ser enviado duas vezes pelo CNRS ao festival de Cannes. Como meu salário de estagiário era acanhado e toda semana eu tinha de comprar muitas entradas, solicitei que o CNRS me reembolsasse. A temerária solicitação gerou uma reunião de um Conselho Especial. Nesse organismo, a maioria decidiu que não se podia reembolsar o valor de um prazer, ainda que correspondesse a um trabalho, limitando-se a me oferecer o reembolso da passagem de metrô mediante apresentação de comprovante. A sovinice não me afetou muito: apesar da remuneração modesta, eu exercia uma atividade que me agradava, administrava livremente meu tempo e recebia um salário regular por um trabalho irregular.

Eu não me transformei num gerente intelectual dentro do CNRS, tanto menos que em toda a minha carreira nunca pratiquei a sociologia dominante. Sempre soube desfrutar da minha liberdade e não me deixei enfeixar no compartimento "sociologia". Ele é meu porto seguro, e foi a partir dele que consegui, ao longo das décadas, navegar livremente de maneira transdisciplinar.

Por algum tempo, fingi estar preparando uma tese. Na época, a situação de estagiário ou adido ao CNRS era precária: entrávamos jovens, por alguns anos, enquanto era concluída a tese, e depois éramos expelidos, para eventualmente nos tornarmos professores universitários. Friedmann deixou-me em paz; seu sucessor, o geógrafo Maximilien Sorre, perguntava-me periodicamente em que ponto estava minha "bela tese". Minha resposta era sempre a mesma: "Está avançando, senhor, está avançando!"

O homem e a morte é publicado nesse mesmo ano de 1951, quando já estou no CNRS. Recebo críticas muito elogiosas, como nunca voltaria a ter, da parte de Georges Bataille, Lucien Febvre, Claude Mauriac, Maurice Nadeau entre outros. Esse prestígio intelectual não se traduziu em sucesso de vendas. A morte ainda é na época um tema tabu. Parte da tiragem ficaria encalhada. O livro morre, vindo a ressuscitar mais tarde. Entretanto, considerado como equivalente de uma tese, ele contribui para minha promoção como mestre de pesquisas em 1961.

*

Foi em 1952 ou 1953 que nos mudamos de Vanves para morar em Rueil, a cerca de quinze quilômetros de Paris, na estrada para Saint-Germain-en-Laye, na mansão, exteriormente feia, mas confortável e espaçosa, que meu pai mandara construir em 1929-30. Situada no número 29 da rue Cramail, essa mansão era em 1931 a última habitação à beira do campo, mas desde então haviam surgido casas por toda parte na região. Estamos muito próximos do Sena, cujas margens recebem a sombra dos salgueiros-chorões.

Uma vez por semana, antes do amanhecer, eu levo Violette à estação de Austerlitz em grande velocidade, em menos de meia hora; ela então toma o trem para Le Dorat, onde tem uma posição de professora de Filosofia; em seguida, vou para o Centro de Estudos Sociológicos, que se mudou do boulevard Arago para a rue de Varennes. Compartilho nele um escritório com Lucien Brams, que mora em Poissy, depois de Saint-Germain-en-Laye, e que praticamente toda noite faz uma parada em Rueil e eventualmente vem jantar conosco. Nós nos tornamos íntimos.

As filhas estão crescendo: a mais velha, Irène, toma aos 8 anos o trem para o liceu de Saint-Germain-en-Laye; Véronique adotou um galgo que por sua vez parece ter-me adotado. Nós deixamos o jardim sem cultivo. Uma amendoeira floresce já em fevereiro, mas não dá amêndoas. Uma ameixeira nos dá ameixas em julho. Minha vida continua sendo principalmente parisiense e eu dou prosseguimento à redação de um livro intitulado *O cinema ou o homem imaginário*, que seria publicado em 1956.

*

Nessa época, a História congelada como um enorme iceberg se descongela na África do Norte, na URSS, na Polônia e na Hungria. Desmoronamentos, sublevações, libertações, repressões, esperanças e desesperos se sucedem e se misturam. O ano extraordinário do relatório Kruschev é o de 1956, o da revolta polonesa, da insurreição húngara e seu esmagamento, da independência do Marrocos e da Tunísia, do agravamento da guerra da Argélia, do ataque israelense ao Sinai, da expedição anglo-francesa em Suez..

A insurreição do Dia de Todos os Santos em 1954 desencadeou o que viria a se transformar na guerra da Argélia, prosseguindo até 1962. Esse conflito faz com que Dionys, Robert, Louis-René des Forêts e eu saiamos da hibernação política. Já em 1955 fundamos um comitê contra a guerra na África do Norte, que recebe adesões de prestígio, como as de Roger Martin du Gard, François Mauriac, Georges Bataille, Michel Leiris, André Breton, Louis Massignon. A adesão de Massignon ocorreu de maneira surpreendente: recebendo nosso chamamento, ele nos convida à sua casa; indivíduo absolutamente aprumado, de rosto ascético, olhar agudo, ele nos perscruta longamente, um depois do outro, e acaba por dizer: "Vou aderir, vocês não têm o olhar que mente."

Promovemos uma primeira reunião com grande número de signatários numa sala de Saint-Germain-des-Prés e juramos não nos separar até que aquela guerra tenha acabado.

Ocorre então um divórcio entre mim e Dionys. No momento em que ele é contatado por Francis Jeanson, diretamente vinculado à direção da FLN* argelina, eu por minha vez sou procurado por Pierre Lambert, dirigente de uma das duas principais facções trotskistas, que está diretamente vinculado a Messali Hadj, o fundador do nacionalismo argelino: este mobilizou seus militantes na Argélia e na França na insurreição desencadeada pelo CRUA, que se transformou em FLN, mas se recusa a integrar a esta o seu movimento, o MNA. A FLN começa então a proceder, na Argélia e depois na França, ao extermínio do messalismo, considerado um partido de traidores e colaboracionistas com a potência colonial. Já relatei em outras circunstâncias como foi que me empenhei em defender a honra de Messali e seus seguidores;[4] e podia me considerar tanto mais bem informado nesse sentido por ter escondido um jovem dirigente messalista na minha casa, em Rueil, por algum tempo.

---

* Frente de Libertação Nacional. (N. T.)

[4] A maioria da esquerda fora convencida por André Mandouze e Francis Jeanson, e a direção de *Temps modernes* considerava inclusive que a FLN representava a vanguarda do proletariado mundial...

As dissensões no Comitê prosseguiram com o episódio David Rousset.[5] Mas de qualquer maneira conseguimos promover uma assembleia unida na Salle Wagram, ante uma plateia composta em sua maioria de argelinos messalistas, enquanto André Mandouze, ligado à FLN, tendo chegado de Argel, proclamava para o público entusiasmado: "Eu lhes trago a salvação da Revolução Argelina!"[6]

Enquanto a guerra da Argélia se agrava e se estende, sendo as possibilidades de negociação eliminadas por Guy Mollet, chefe do governo da Frente Republicana naquele ano de 1956, uma formidável bomba política explode na URSS a 2 de fevereiro: o relatório secreto de Nikita Kruschev ao XX Congresso do PCUS, denunciando os crimes e o culto da personalidade de Stalin (morto em 1953). Embora o Partido Comunista Francês guarde segredo, o conteúdo do relatório é conhecido no mundo inteiro. (Nesse momento, estimulados por Lambert, alguns de nós, entre os quais André Breton e Maurice Nadeau, enviamos uma carta a "K", "exigindo" a reabilitação dos condenados dos processos de Moscou.)

Esse relatório tem consequências sísmicas na Polônia e na Hungria. Os operários de Poznán se revoltam em junho, seguidos pela população da cidade. Apesar da repressão armada, a Polônia se incendeia,

---

[5] Que propusera que o Comitê investigasse os desmandos cometidos pelo exército francês na Argélia, solicitação que eu apoiei, mas que foi rejeitada com indignação.

[6] Eu conhecera André Mandouze no governo militar da zona de ocupação francesa na Alemanha depois da guerra. Ele tinha fundado *Témoignage chrétien*, o jornal da resistência católica durante a Ocupação. No dia em que o exército alemão entrou em Atenas, ele proclamou diante de seus alunos em Lyon antes de começar a aula: "De pé, senhores, um minuto de silêncio! A bandeira da barbárie tremula sobre o templo da civilização!" Nós nos tínhamos oposto de maneira amigável num debate publicado por *Témoignage chrétien* no início de 1946, creio. Sua tese era a de que o fim não justifica os meios. Eu lhe respondera que, em certos casos extremos, todos os meios se justificam. Quando abordei com ele a questão messalista, depois da assembleia, ele me respondeu: "Mas que quer você? Não se pode fazer omelete sem quebrar ovos." Em suma, ele tinha adotado o meu ponto de vista daquele momento em que tínhamos debatido, quando eu era comunista, dez anos antes, e eu de minha parte chegara às suas conclusões daquela mesma época.

MINHA PARIS, MINHA MEMÓRIA

e em outubro a direção soviética é obrigada a avalizar a nomeação para a secretaria do partido de Gomulka, que proclama o restabelecimento do direito de greve. Um fabuloso vento de liberdade percorre então o país.

Enquanto floresce o outubro polonês, Budapeste se insurge, a 23 do mesmo mês, e a revolução intelectual, operária e popular toma conta da Hungria. Esse país, no entanto, vê-se ameaçado por uma repressão soviética. Criamos então um comitê de apoio à revolução húngara, no qual conheço Claude Lefort e Cornelius Castoriadis.

A 29 de outubro, as tropas israelenses do general Dayan invadem o Sinai, neutralizando o exército egípcio. Nasser tinha nacionalizado o canal de Suez em julho. Uma expedição anglo-francesa de paraquedistas aterrissa em Porto Said a 5 de novembro, mas se vê obrigada a bater em retirada, quarenta horas depois, ante uma ameaça conjugada americano-soviética. Aproveitando essa ação diversionária, os tanques russos entram em Budapeste para esmagar a revolução húngara.

Por iniciativa de Lambert, uma reunião é realizada numa pequena sala da rue de Grenelle, com André Breton, Maurice Nadeau, comigo e com alguns outros. Provavelmente não passam de duzentos os que de nós se insurgiram ao mesmo tempo contra o imperialismo soviético, o neocolonialismo francês, a expedição de Suez, a guerra da Argélia. Inflamados, também nos revoltamos contra as potências desse mundo e desafiamos ardorosamente as forças liberticidas, ao mesmo tempo exaltando com entusiasmo as forças de liberdade que se levantaram no planeta.

Quase simultaneamente, nós convocamos uma assembleia-geral do nosso Comitê contra a Guerra da Argélia. Dionys, Robert e eu estamos convencidos de que não é possível denunciar a guerra que tem o objetivo de esmagar a aspiração da Argélia à independência sem denunciar com a mesma energia a intervenção soviética visando esmagar a independência húngara. Mas tanto os comunistas quanto os sartrianos se opõem. Claude Lefort revela-se então com uma magnífica intervenção na qual demonstra a impossibilidade moral de denunciar apenas uma opressão. Dionys, Robert e eu ficamos entusiasmados com suas palavras e nos ligamos estreitamente a Lefort. Nosso comitê, já doente, começa a se desfazer a partir desse episódio.

Nesse mês de novembro de 1956, as paixões estão no auge em Paris. Anticomunistas e antistalinistas se manifestam contra a sede do Partido no carrefour de Châteaudun, exatamente onde eu erguera em 1944 uma barricada para defender esse lugar "sagrado". O Partido Comunista sofre uma série de deserções, com a partida de Claude Roy, J.-F. Rolland, Pierre Hervé, entre outros. Aimé Césaire também vem a romper com ele numa edição de *France Observateur* na qual eu mesmo publico uma virulenta crítica dos intelectuais comunistas.

*

Nesse intenso ano de 1956 vem à luz a revista *Arguments*. Eu me inspirei em *Ragionamenti*, um boletim de reflexão publicado por amigos italianos de esquerda e independentes de quaisquer partidos, entre eles Franco Fortini. Eu queria uma revista de interrogação que questionasse o marxismo de forma crítica, reavaliando os grandes problemas do mundo contemporâneo. Jean Duvignaud falara a respeito a Jérôme Lindon, dono das Éditions de Minuit, que nos cedeu um sótão e se ofereceu para financiar os custos de impressão. Que nós nos virássemos quanto ao resto! Assim foi que cuidamos de tudo, inclusive da distribuição em algumas livrarias de Paris e do interior, das permutas publicitárias com outras revistas, das assinaturas. O papel era bonito, a programação visual, austera.

Eu estou na direção, tendo a meu lado, de início, Jean Duvignaud, François Fejtö, Roland Barthes, Colette Audry. Dionys não quis nos acompanhar. Depois, Kostas Axelos assumiria como redator-chefe, e Pierre Fougeyrollas, antigo ortodoxo desestalinizado, também aderiria.

Nós queríamos repensar o marxismo, mas os acontecimentos da Europa Oriental nos incitam a ir mais longe. Antes mesmo da divulgação do relatório Kruschev, tínhamos tomado conhecimento do relatório Mikoyan ao mesmo XX Congresso do PCUS, reabilitando dois velhos bolcheviques condenados como traidores e espiões durante os processos de Moscou em 1937. No segundo número, eu publico um artigo identificando nisso um prenúncio de nova orientação. É a partir das revoluções concretas de 1956 que entendemos que a revolução intelectual deve ser total e radical. Tratamos não só de retomar a crítica de Karl Korch em suas teses sobre Marx, nas quais afirma que o marxismo tornou-se no século XX uma teoria reacionária, como um "repensamento" de todas as ideias veiculadas pelo século.

Como a relação de amizade é muito forte entre nós, nossos comitês de redação se organizam em função das refeições e somos inspirados pela comensalidade. No momento da preparação de nosso número dedicado ao amor, todos os nossos casais estavam a ponto de implodir. *Arguments* não era uma revista de um grupo pautado por uma linha bem definida, como *Esprit* ou *Les Temps modernes*, baseando-se, pelo contrário, na discussão e no debate; nossa diversidade encontrava sua unidade na necessidade de repensar as ideias dominantes. *Arguments*, lugar de debates e encontros, dedicou edições à burocracia, ao amor, à cosmologia; publicamos textos desconhecidos de Heidegger, Lukacs, Adorno, Marcuse. Caminhávamos juntos e juntos superamos o marxismo, cada um à sua maneira. *Arguments* foi para mim um autêntico cadinho de cultura, no qual meu pensamento se regenerou e do qual emergiram em mim as ideias de era planetária, vinda de Heidegger *via* Axelos, de antropolítica ou política do homem, de um percurso, enfim, que me conduziu ao pensamento complexo.

Em dezembro de 1956, Dionys é convidado a ir a Varsóvia por Georges Lisowski, que dirige a revista polonesa *Twórczość*. Dionys faz com que o convite seja estendido a Robert, a Claude Lefort e a mim.

Estamos em pleno frio parisiense, e, supondo que faz uma temperatura siberiana em Varsóvia, nossas mulheres nos muniram de ceroulas de lã para tripulantes de submarinos dos mares polares. Nós partimos a bordo do Peugeot de Dionys.

Em Varsóvia, Dionys e Robert revivem o entusiasmo do outubro polonês, a vitalidade dos conselhos operários, a ardorosa lucidez de intelectuais como Leszek Kolakowski, Jan Strzelecki, Roman Zimand; de seu discurso visionário, Claude e eu deduzimos sobretudo que a repressão soviética na Hungria bloqueou tudo aqui, e que tem início uma nova regressão.

*

No retorno, Lefort e eu somos convidados pelo bom Maurice Pagat a falar dos conselhos operários poloneses na sede de uma região administrativa de subúrbio. Lefort chega acompanhado de uma jovem italiana que se senta na primeira fileira com expressão grave e atenta. Durante toda a minha fala eu a olho, com seus traços patéticos, seus grandes olhos espantados, uma boca grande de lábios bem desenhados, um penteado austero, com os cabelos para trás. Terminada a sessão, vou falar com ela, que me diz ter chegado recentemente de Cremona, que entrou para o grupo "Socialismo ou Barbárie" e está trabalhando como secretária na câmara de comércio italiana. Pergunto-lhe se poderia fazer traduções do italiano para o francês, e, como ela aceita, marco um encontro com essa finalidade (inventada), no dia seguinte, na hora do almoço, não longe de seu trabalho, na saída do metrô Saint Philippe du Roule.

Tudo que ela me diz me agrada, todos os movimentos de seus lábios, todos os seus olhares, todas as suas expressões me atraem e me comovem. Eu a convido para um encontro num sábado em que esteja livre para mostrar-lhe uma Paris pouco conhecida, a Paris do canal Saint-Martin, ainda não cercado de grandes prédios, e das Buttes-Chaumont.

No alto das colinas Chaumont, debruçados na balaustrada, nós nos olhamos, nossos lábios se unem, ela diz com um sorriso infinitamente doce: "Que está acontecendo comigo?" Tornamo-nos amantes, a primeira vez no ateliê de Jean Duvignaud, depois em quartos de hotel; mais adiante, minha amiga Colette Garrigue, tendo-se tornado amiga dela também, oferece-lhe o quarto de empregada do seu apartamento, vizinho da porta Maillot. Como Violette passa três noites por semana, não mais em Dorat, mas em Lens, eu passo três noites por semana no quarto de Marilu.

Decidimos então viver juntos, mas eu lhe peço um prazo de seis meses para deixar Violette. A ideia de separação me é muito dolorosa, não só porque Violette foi minha fiel companheira durante a Resistência, não só porque sempre me ajudou nas circunstâncias mais difíceis, inclusive o desemprego, que acabou por mandá-la para Dorat, e a minha expulsão, não só porque minhas filhas têm na época apenas 10 e 9 anos, mas também e talvez sobretudo porque eu cometi um ato fatal na primavera desse mesmo ano de 1956.

Violette tornara-se amante amorosíssima de um colega de Lens, por sinal crítico de jazz. Não era a primeira vez em que um de nós tomava liberdades conjugais. Ela chegava inclusive a me contar algumas de suas aventuras. Mas seria acaso porque na época eu questionava — depois do "relatório K" e dos requestionamentos de *Arguments* — os fundamentos de tudo aquilo em que acreditara desde 1942? O fato é que fui tomado de um ciúme que até então desconhecia. Voltei a ficar loucamente apaixonado por Violette, implorando que rompesse com o outro, jurando recomeçar com ela uma nova vida. Ela rompeu com L.M. e fomos para a Grécia no nosso 4CV. Eu retomara fogosamente o amor com Violette, mas já no fim do verão nós tínhamos voltado ao *statu quo ante*.

Marilu ficou grávida. Eu queria ter a criança, mas, como ainda não estávamos unidos, ela fez clandestinamente um aborto, como se fazia antes da lei de interrupção voluntária de gravidez defendida por Simone Veil. A operação foi efetuada na clínica de um médico da praça de la République; eu esperava, angustiado e dividido, no café mais próximo.

Violette e a rue Saint-Benoît estavam a par do caso e do aborto. Encontrando Violette, Marguerite disse-lhe: "Se pelo menos o filho fosse dele!" Violette me relatou o comentário com evidente prazer. Marilu foi de férias para a Itália, e eu viajei com Violette e minhas filhas. Escrevi-lhe uma nobre carta dizendo que teria ficado com a criança, mesmo se não fosse o pai. Ela respondeu indignada e magoada por eu ter suposto que ela estivesse com o filho de outro.

Ao retornar, vencido o prazo de seis meses, ela me pressiona. Violette volta a dar suas aulas em Lens. Embora normalmente eu voltasse ao domicílio familiar nas noites em que Violette retornava de Lens, acabo ficando uma noite a mais com Marilu. Quando volto a Rueil, encontro Violette no chão, sob a ducha, chorando, embriagada, com uma garrafa de Punt e Mes — o aperitivo que eu trazia da Itália — vazia. Dou-me conta de que não posso deixá-la assim. Peço a Marilu que espere mais. Ela recusa. Seria por desespero ou para me pressionar que ela também começa a beber e entrega-se aos prazeres? Nós nos separamos.

No dia seguinte a essa despedida, estou mergulhado em infinita desolação; Violette, minhas filhas e eu vamos passear da Étoile à rotunda dos Champs-Élysées. Descemos a avenida a pé debaixo de um sol radioso, o mesmo sol que brilhava sobre nosso desfile da Liberação, em agosto de 1944, quando eu me embriagava de felicidade no carro conversível em que brandia a bandeira tricolor. Faço de tudo para não chorar.

Marilu foi o primeiro amor total da minha vida. Violette foi uma amiga que se tornou amante e depois esposa; nós nos amamos, mas tranquilamente. Eu tive por certas mulheres sentimentos amorosos tão puros que inibiam o desejo e, depois, por outras, desejos tão violentos que inibiam todo sentimento amoroso. Eu era desses homens para os quais o amor se divide entre um erotismo que resvala para delirantes abismos de obscenidade e uma adoração que não ousa contemplar a cópula. Marilu tinha reconciliado tudo em mim, eu a adorava e a desejava. Juntos, chegávamos ao êxtase gritando de felicidade.

Depois desses acontecimentos, Violette e eu decidimos deixar Rueil e voltar para Paris. Eu pus à venda a casa do meu pai, e então encontramos no número 3 da rue Soufflot, terceiro andar, um apartamento deixado por um professor aposentado e que desde logo nos encantou. Eu vendi a mansão a preço de banana (o que desagradou meu pai) para não deixar escapar o apartamento, e para lá nos mudamos antes do verão de 1957.

VI

Rue Soufflot
1957-1962

O número 3 da rue Soufflot é um edifício de cinco andares que creio datar do início do século XIX; na altura do terceiro andar, veem-se belos nichos de estátuas. A farmácia Lhospitalier, que preservou seu estilo tradicional, ocupa o térreo. O prédio é vizinho da sede da região administrativa do 5º *arrondissement*, em frente à Faculdade de Direito, permitindo-nos ver pela janela a fachada do Panthéon.

O apartamento de quatro cômodos é bastante amplo. Um amigo arquiteto e decorador instalou uma porta-sanfona entre meu escritório-biblioteca e a sala de estar. Os móveis contemporâneos são de madeira clara, freixo; os compartimentos são claros. Nossas filhas frequentam o Liceu Fénélon, no fim do boulevard Saint-Michel, onde o pai de meu amigo Delboy era concierge. Temos uma empregada que veio de Hautefort, a terra de Violette no Périgord; é com frequência algo exagerada que ela nos prepara couves-flores gratinadas com muito creme branco. Temos dois carros: um Peugeot e uma pequena Lambretta conversível que uso para circular por Paris.

Eu durmo sozinho num sofá-cama no escritório desde o rompimento com Marilu. Engordei, sinto-me pesado. Toda manhã molho uma torrada com manteiga e queijo Cantal ou salsicha no café com leite. Violette e eu gostamos de convidar inesperadamente para almoçar amigos encontrados na rua. Um prazer que eu nunca mais voltaria a ter com outra mulher. Com frequência vou também ao restaurante, especialmente o Charpentier, na companhia de amigos. Lá é que venho a conhecer Roland Barthes, que ironiza, numa de suas "mitologias" semanais, sobre os intelectuais parisienses que, para fazer alarde da própria virilidade, ingerem bifes sangrentos com batatas fritas. Ele fica espantado e encantado com o fato de eu pedir um *coq au vin*. Nós nos aproximamos, e viríamos em 1961 a fundar o CECMAS,[1] sob a direção de Georges Friedmann.

Temos como vizinha de andar a família Appia, cujo pai é professor de Inglês; e logo simpatizamos com ele. Um pouco adiante, na rue Malebranche, mora Maurice Nadeau, que costumamos frequentar. Violette também gosta de receber os Queneau, com quem fez amizade.

O bairro ainda é próprio para estudantes, e os grandes cafés continuam presentes.

Paris, repovoada depois da Liberação, está mais populosa que antes, mas ainda não superpovoada. O desenvolvimento econômico se ampliou a partir de 1955, o nível de vida se elevou e gerou novas exigências no estilo de vida: geladeira, banheiros, elevador; a televisão, nascida em 1949, ainda é estatal, oferecendo variedades e informações. As concierges passam a ser espanholas ou portuguesas ainda não eliminadas pelas senhas digitais. A grande transformação de Paris mal se esboça. Essa metamorfose só começaria realmente na década seguinte; vale dizer, no próximo capítulo.

*

A guerra da Argélia se agrava. À guerra franco-argelina veio sobrepor-se uma guerra argelo-argelina entre FLN e messalistas, a qual se transforma em massacre dos *maquis* do MNA. Em março de 1957,

---

[1] Centro de Estudos das Comunicações de Massa sob a égide da VI seção da École Pratique des Hautes Études.

a FLN comete o massacre de Melouza, aldeia messalista.[2] Vencido na Argélia, ainda forte na França, o messalismo seria liquidado com derramamento de sangue: entre 1956 e 1962, mais de quatro mil argelinos foram vitimados por essa luta intestina em território francês.

O ano de 1957 também é o da terrível batalha de Argel entre as tropas do general Massu e a FLN. A repressão francesa atinge os comunistas argelinos: Salem, meu colega de liceu, já agora com o nome de Henri Alleg, diretor do diário comunista *Alger républicain*, suspenso desde 1955, é detido pelos paraquedistas. Relataria as torturas sofridas em *La Question*, lançado em 1958, e cuja primeira resenha foi publicada por mim em *France Observateur*.

A guerra da Argélia se infiltra na França e na própria Paris. Não só se dão matanças entre a FLN e o MNA, como também a rede Francis Jeanson de ajuda à FLN se desenvolve e os atentados da FLN se propagam pela metrópole, culminando na noite de 25 de agosto de 1958, quando são registradas vinte e quatro mortes.

Uma crise francesa germina com esse agravamento da guerra da Argélia. Alguns dos que tinham perdido toda esperança revolucionária vêm a reencontrá-la. Lambert funda o CLADO (Comitê de Ligação e Ação Operária). São dadas instruções para que os militantes estejam preparados para as grandes operações revolucionárias que ele julga próximas. Esse CLADO, chamado desdenhosamente de "*Crado*"* por Dionys, reunia não só trotskistas como o sindicalista Hébert, intelectuais e militantes de orientações diferentes, como por exemplo

---

[2] O último contingente messalista armado sob o comando do "general" Bellounis, reduzido a alguns homens apenas, negocia então com o exército francês. Como é relatado no livro que vim a publicar mais tarde a respeito do caso Bellounis, os franceses fornecem armas a Bellounis com a condição de que ele não recrute, nem cobre impostos, nem hasteie a bandeira argelina. Bellounis reconquista um vasto território; cobrou impostos, recebeu armas, brandiu a bandeira argelina. Os franceses o matam numa emboscada, e seus guerrilheiros se deslocam.

* Sujeira, imundície. (N. T.)

Maurice Clavel. Eu assisti a algumas dessas reuniões sem futuro. Por sua vez, os sartrianos, pablistas e prepostos da FLN achavam que essa frente de libertação nacional, vanguarda da revolução mundial, despertaria a classe operária francesa, que assim reataria com sua grande missão revolucionária.

Se a guerra da Argélia serve para revolucionar a França, é num sentido inesperado. Em maio de 58, o golpe dos generais de Argel é aplaudido pelos *pieds-noirs*.* É capitalizado por gaullistas agindo *in loco* e que o exploram para propiciar um apelo a De Gaulle.

A 28 de maio, uma grande passeata de esquerda em Paris vai de Nation à République, proclamando sua oposição ao fascismo, palavra inesgotável que nem por isso deixa de parecer surrada. Na verdade, se existe uma potencial ameaça de ditadura militar nesse golpe, ela seria expressa num rebote, ou reedição, em 1961, mas De Gaulle, num magistral golpe de judô, foi capaz de se valer da energia do primeiro golpe para fortalecer um poder que, apesar de tudo, manteria dentro das regras republicanas, e os convocados do contingente na Argélia, alertados pelo rádio, desobedeceriam aos promotores do segundo golpe.

Nesse mês de maio de 1958, dois *missi dominici* gaullistas chegados de Argel, Léon Delbecque e Lucien Neuwirth, reúnem intelectuais de esquerda, entre os quais os colaboradores de *Esprit*; eu sou convidado a essa reunião, na qual eles tentam nos tranquilizar.

Publicamos uma edição especial de *Arguments* sobre o golpe; no meu texto, eu sou um dos raros a considerar a eventualidade de que De Gaulle possa fazer a paz na Argélia. O General dera anteriormente essa esperança aos poucos gaullistas de esquerda que recebia, ao mesmo tempo em que deixava os de direita pensarem o contrário.

Meu amigo Dionys, por sua vez, vê em De Gaulle um usurpador e um tirano. Para sua própria publicação, nascida por sinal a 14 de julho, ele

---

* Franceses da Argélia. (N. T.)

redige um artigo no qual, em nome do povo francês, condena o General à morte, no exato momento em que 80 por cento dos franceses aprovam num referendo sua ascensão ao poder.

Claude Lefort e eu não consideramos mais os partidos de esquerda dignos de crédito, mas não menos estéreis são nossas propostas de criar aqui e ali "comitês de base" com vocação para a resistência. De Gaulle é empossado pela Assembleia a 1º de junho de 1958 com poderes especiais.

Na verdade, só em 1961 é que De Gaulle contempla a possibilidade de uma Argélia argelina e são entabuladas negociações secretas. Enquanto isso, em 1960, não só a guerra continua em condições terríveis, mas os depoimentos sobre a tortura e os desmandos cometidos pelas tropas francesas se multiplicam, aumentando a indignação dos oponentes à guerra. Assim é que Dionys, em colaboração com Maurice Blanchot e Jean Schuster, redige a "Declaração sobre o direito à insubordinação na guerra da Argélia", que rapidamente recebe cento e vinte e uma assinaturas de prestígio, entre elas as de Sartre e Breton.

Eu pedira a Dionys que se limitasse no texto ao apelo à insubordinação, sem a outra parte que acabou sendo publicada, e que, exaltando a luta dos argelinos pela independência, me parecia equivaler a uma exaltação da FLN, a qual, com sua exigência monopolista de representar todo o povo argelino, sua organização vedando qualquer forma de pluralismo, sua maneira de resolver as divergências pelo assassinato, como o de Abane Ramdane, me parecia cada vez mais o embrião de um partido e de um sistema totalitários. Além disso, parecia-me cada vez mais evidente que o prolongamento da guerra equivalia a uma degradação das condições que podia desembocar em duas ditaduras: uma militar na França, semelhante à dos coronéis gregos ou à de Franco, e uma totalitária do tipo "democracia popular" na Argélia, ainda que isenta de elos de vassalagem em relação à URSS.

Para mim, a urgência era a paz o mais rápido possível. Por isso é que redigimos, eu, Claude Lefort, Maurice Merleau-Ponty e Colette Audry, um apelo à negociação e à paz, assinado também por Forestier, diretor do sindicato dos professores, e que recebeu a adesão de mais de mil assinaturas, mas sem a repercussão do manifesto dos "121". Por outro lado, eu expunha claramente meu ponto de vista num artigo publicado por *France Observateur*.[3]

Meu divórcio em relação a Dionys me magoa. Ao visitar André Breton em Saint-Cirq-Lapopie, onde ele repousa na companhia de Benjamin Péret e Julien Gracq, falo-lhe a respeito do nosso desentendimento. Breton, que defendia os messalistas, simpatizara comigo. Eu admirava sua personalidade, seu desprezo pelo mundo das comunicações de massa, seu orgulho totalmente destituído de vaidade — o contrário de Aragon —, o fato de ter renunciado ao gosto da exclusão que continuava sendo cultivado por seus discípulos. Diz-me Breton: "Como é possível que dois amigos como vocês briguem?" "Mas, Breton" — não pude me impedir de responder —, "foi o que você fez a vida inteira!"

*

O segundo golpe do "punhado de generais", em janeiro de 1961, dessa vez contra De Gaulle, é um fracasso. Alertados pelo primeiro-ministro Michel Debré, os parisienses esperavam a chegada de elementos sediciosos de paraquedas, preparando-se para o que poderia ser uma guerra civil. E de fato a guerra chega a Paris. Aos atentados da FLN na França, os quais não são acalmados pelas negociações de Évian, vêm se somar os cometidos pela OAS,* criada em janeiro de 1961.

---

[3] Edgar Morin, "Les intellectuels et l'Algérie", 29 de setembro de 1960, *France Observateur*, nº 543.

* Organização do Exército Secreto, que mobiliza inconformados com a independência argelina na realização de atentados. (N. T.)

MINHA PARIS, MINHA MEMÓRIA

Especialmente depois de uma série de atentados argelinos contra policiais, o chefe de polícia Papon decreta toque de recolher para os habitantes de origem argelina na França. Para protestar contra essa medida, a FLN convoca para 17 de outubro uma manifestação de massa pacífica da comunidade argelina da região parisiense (são 180 mil os que habitam então em Paris e subúrbios). A manifestação é reprimida com incrível ferocidade; mortos e vivos são jogados no Sena.

Paralelamente, multiplicam-se em 1961-62 os atentados da OAS na capital. Numa dessas "noites azuis", eu ouço no rádio o noticiário mencionando as personalidades visadas por esses atentados. De repente fico sabendo que uma bomba foi colocada pela OAS em frente à porta de X, com quem participei na véspera, ao lado de Y, de um programa sobre a guerra no qual criticamos vivamente a OAS. Passa-se uma hora, e o noticiário seguinte informa que uma bomba também foi colocada diante da porta de Y. Preocupado, eu aviso meu vizinho e amigo Henri Appia. Ele se aproxima comigo da janela, damos uma olhada na rua: tudo parece calmo. De repente, dois estranhos abrem a porta de entrada do prédio. Appia e eu saímos para o corredor e acendemos as luzes para descer. Violette, vigiando pela janela, nos diz que dois homens acabam de sair, provavelmente advertidos pela luz que se acendeu. Como são muitas as crianças no prédio, Appia telefona à delegacia, que desloca um policial para montar guarda dia e noite diante do prédio durante uma semana. Essa proteção permite-me partir sem culpa para Madri, onde sou esperado por meus amigos da oposição antifranquista.

Finalmente, a 16 de março de 1962, os acordos de Évian põem fim a uma guerra cujos horrores ainda teriam prosseguimento (massacres de soldados franceses na Argélia, continuação dos atentados da OAS). A França só reconheceria oficialmente o termo — a palavra *guerra* — trinta anos depois, em 1999...

*

Nesse período, eu escrevi *Autocrítica* para entender melhor minha conversão e minha desconversão ao comunismo stalinista, e também para me livrar para sempre de uma lógica de pensamento que é encontrada em todas as formas de dogmatismo e sectarismo. O livro é publicado por Maurice Nadeau em 1959.

De 14 a 20 de dezembro de 1959, eu participo com Jean Rouch e alguns outros do júri do primeiro Festival Internacional do Filme Etnográfico e Sociológico, conhecido como Festival dos Povos (*Festival dei Populi*), em Florença. Muitos desses filmes, especialmente os que registram diretamente uma fala, me entusiasmam. Proponho então a Jean Rouch, que realizou filmes etnográficos na África, a realização conjunta, em Paris, de um filme cujo título seria *Como você vive?* Eu pretendia explorar as condições não só materiais, mas também psicológicas e morais de nossas vidas. Na verdade, é a mim mesmo que faço em primeiro lugar a pergunta: "Como você vive?" Na época, minha vida é tão dispersa, tão dividida...

Eu conhecia Anatole Dauman, produtor de *Hiroshima, meu amor*, de Alain Resnais, com base em roteiro de Marguerite. Ele se afeiçoara a mim no dia de nosso primeiro encontro, exatamente o dia em que era abandonado por sua mulher. Estamos no seu carro, exponho-lhe meu projeto, ele imediatamente responde: "Compro." Nós rodamos na primavera e no verão de 1960, em condições que relatei num livrinho dedicado ao filme, que acabaria se chamando *Crônica de um verão*. Incluo nele Marilu, que assim venho a reencontrar, um ano depois de nosso rompimento, numa entrevista filmada tão patética para mim quanto para ela. Passamos então uma noite juntos. Depois, durante a filmagem, ela conhece um novo amor, o cineasta J.R. O filme encerra uma ampla discussão sobre a guerra da Argélia, mas também um mergulho na condição operária, no qual, em vez de nos concentrarmos nos salários e reivindicações materiais, voltamos a atenção para a alienação do trabalho operário, mais particularmente dos operários qualificados que trabalham com máquinas. Colhemos mais de vinte horas de material bruto, das quais provavelmente seis interessantes, mas a exigência do produtor de que a duração padrão de uma hora e meia fosse respeitada redundou numa versão mutilada do filme. Para mim, o copo antes estava mais meio vazio do que meio cheio.

*

Eu tinha conhecido Magda no congresso da Associação Internacional de Sociologia, em Stresa, de 8 a 15 de setembro de 1959. Ela mora na época em Turim, é socióloga e vive com um marido em comunhão de almas, mas em separação de corpos. É uma das jovens extremamente pavesianas que administram juntas um instituto privado de sociologia. Marcamos encontro em Lyon, onde eu a levo à confluência do Ródano com o Saône, e é precisamente onde nós confluímos em corpo e alma.

No verão de 1961 (inverno no hemisfério Sul), sou convidado a dar um curso na FLACSO (Faculdade Latino-Americana de Ciências Sociais, fundada pela Unesco em Santiago do Chile, que recebia alunos de toda a América Latina). Meu amigo Lucien Brams tivera de deixar Paris, perseguido por um sogro irascível cujas duas filhas havia seduzido e desposado sucessivamente. Friedmann conseguira que ele fosse nomeado pela Unesco para a direção pedagógica dessa faculdade. Recebido no aeroporto por Lucien, eu sou levado à sua mansão, onde estão reunidos alguns membros da colônia francesa. Já contei em outras circunstâncias como fiquei fascinado com os olhos azuis de uma jovem loura, que me perseguiram durante cerca de vinte anos, até poder mergulhar demoradamente neles, tomando seu rosto nas mãos.

Encerradas as aulas em Paris, Violette vem ao meu encontro. Eu dou minhas aulas num espanhol de algibeira que vai melhorando ao longo dos anos. Voltamos meses depois, passando por La Paz, Cidade do México e Montreal

*

No ano seguinte (1962), volto a Santrago com Magda. Na volta, pedira-lhe que me deixasse no aeroporto de Washington, pois prometera a Violette, para compensá-la dos meses passados longe, ir ao seu encontro no Congresso Mundial de Sociologia, para depois levá-la à Califórnia.

Magda e eu partimos de Santiago em direção a La Paz e nos esbaldamos na festa de Chulumani, nas florestas *yungas*, vamos ao Yucatán e então, tendo chegado a Washington, passamos no hotel do aeroporto aquela que julgo ser nossa última noite. De madrugada, Magda lembra-me que é socióloga, dizendo que também deseja comparecer ao congresso. Imploro então que não se hospede no mesmo hotel que eu, o que ela não faz. Naturalmente, Magda e Violette se encontram durante um passeio da delegação francesa. Magda está hospedada no vigésimo andar do hotel, Violette e eu, no décimo. Eu corro como um condenado de um andar a outro, deparando-me a cada vez com uma das fúrias.

. Em Washington, perco o apetite, fico sonolento. Apesar do meu cansaço, Violette e eu vamos para San Francisco no carro de um colega; eu durmo durante todo o trajeto, depois, como prometido, levo Violette a Los Angeles, à Disneylândia, a Las Vegas, sentindo-me mal, cada vez mais incapaz de engolir alguma coisa. Julgando que estou melancólico por me ter separado de Magda, Violette insiste para que eu visite todas as atrações, veja tudo. Finalmente, na Golden Gate de San Francisco, começo a sentir tremores, e não me livraria mais da febre.

Volto a Nova York nas mais penosas condições. Meu amigo Stanley Plastrick, ex-trotskista, autêntico humanista, sempre mobilizado na defesa dos oprimidos, redator de *Dissent*, manda ao meu hotel um médico que, constatando minha urina escura e minhas fezes esbran, quiçadas, diagnostica uma hepatite e providencia minha internação no Mount Sinai Hospital. Eu ansiava por ficar finalmente sozinho, mas Violette insiste em permanecer a qualquer preço. Eu a convenço a partir. Magda, por sua vez, queria ir ao meu encontro, mas eu a impeço.

Recobrando os sentidos depois de quinze dias de quase coma, eu chego à conclusão de que chegou a hora de abrir mão dessa vida de dispersão, de pensar no que é essencial para mim, de repensar o que julgo pensar, de identificar aquilo em que realmente acredito. Dei a essa intenção na época o nome de "Meditação", e pretendia dedicar-me a ela ao retornar.

Eu dou um jeito de fugir do hospital, com a ajuda de meu amigo Stanley Plastrick, e sou acomodado ao descer do avião numa cadeira de rodas. Fico todo convencido ao ser recebido como doente por Violette e minhas filhas. Chegando à rue Soufflot, volto ao meu sofá-cama. Passam-se alguns dias, e eu sou aconselhado a uma viagem de convalescença à Côte d'Azur. Um primo empresta-me seu apartamento em Monte Carlo. Eu telefono a Magda, sem saber que Violette está ouvindo na extensão, em seu quarto. Depois de falar a Magda do meu desejo de "tocar de novo sua carne fresca", vejo aparecer uma Violette enfurecida: "Carne fresca, carne fresca!... Se voltar a se encontrar com Magda, não porá mais os pés aqui!"

Parto para Monte Carlo, começo a redigir minha "meditação", alternando-a com anotações cotidianas nas quais registro a maneira como vou passando da vida vegetal à vida animal, meu reencontro com o sol, as flores, os pássaros. E vou ao encontro de Magda num porto, do outro lado da fronteira.

Obedecendo a Violette, não voltei à rue Soufflot, encontrando refúgio num compartimento vazio do ateliê de tapeçaria de uma amiga, Yvette Cauquil-Prince. Ao deixar nosso apartamento, eu levava apenas uma dezena de livros, entre os quais *Os pré-socráticos*, Pascal, Hegel, os manuscritos filosófico-econômicos de Marx, Rimbaud, uma antologia bilíngue da poesia espanhola. Levava também minha pequena Lambretta. Deixei o resto para Violette, assim como a gestão da minha conta bancária. Eu não queria romper com ela: ainda passamos férias juntos em Montalivet, Baiona, ela me acompanha a Israel em 1965 e eu com frequência jantava na rue Soufflot. Minhas filhas tinham respectivamente 15 e 14 anos, e sofreram com a minha partida. Para Irène, eu não passava de um sátiro, e Véronique sentia-se abandonada.

*

O adeus à rue Soufflot coincidiu com o adeus a *Arguments*. O comitê de redação tinha se dispersado. Jean Duvignaud ensinava na Universidade de Túnis e vivia em Sidi Bou Said. Fougeyrollas ensinava na Universidade de Dakar. Eu tinha passado longas temporadas na América Latina e pretendia voltar. Só Axelos estava sempre presente. Nós tínhamos levantado muitas questões essenciais, cada um de nós tinha se nutrido do conteúdo da revista, e agora cada um podia seguir seu próprio caminho.

Além do mais, começava a se resolver a grande crise do pensamento político provocada pela desestalinização, a repressão dos sovietes de Budapeste pelo Exército Vermelho, a morte da IV República, a ascensão de De Gaulle ao poder. As grandes interrogações eram substituídas por novas certezas, ou então voltavam outras mais antigas. O marxismo "aberto" de Lefebvre ou Sartre dava lugar ao marxismo rígido, supostamente científico, de Althusser. O estruturalismo tenderia a se impor como visão segura do mundo humano.

É verdade que *Arguments* continuava em sua trajetória, com a modesta tiragem de dois mil a dois mil e quinhentos exemplares. Mas Axelos e eu achávamos que precisávamos nos safar. Assim foi que apresentei minhas despedidas no último artigo de nossa última edição:

MINHA PARIS, MINHA MEMÓRIA

"Nós vivíamos na amizade, fora do mundo burguês, fora do mundo universitário, fora do dogmatismo agitado dos grupos políticos, fora do dinheiro, fora das honrarias e da desonra. Até mais!"

O ano de 1962 assinala o fim da guerra da Argélia, o fim de *Arguments*, o fim do meu período na rue Soufflot. Eu tenho 41 anos.

VII

O Marais
1962-1979

O número 38 da rue des Blancs-Manteaux é um prédio do século XVII cujo nobre primeiro andar, de teto elevado, é utilizado pelos antigos tecelões flamengos de Yvette, que, rompendo com a tradição de Lurçat, traduz em tapeçarias telas de pintores como Chagall e Picasso. Como na tradução literária de uma língua em outra, trata-se de uma autêntica arte. Os poucos tapeceiros aos quais Yvette recorre podem organizar livremente seu tempo, desde que cumpram tantas horas de trabalho por semana. No segundo andar moram Yvette Prince, seu marido, o doutor Cauquil, psiquiatra, e o jovem filho dela, Darius. Ao lado do ateliê e dispondo de uma porta de acesso junto à escada do prédio encontra-se o compartimento vazio que me é destinado, ligado a uma pequena cozinha. Uma cama de solteiro é instalada nele, o resto da peça é austero, mas espaçoso. Sobre uma mesinha acomodo minha máquina de escrever portátil Olivetti. Eu aprendi a datilografar durante minha convalescença em Monte Carlo. Minha caligrafia de canhoto contrariado é quase ilegível, e é preciso pelo menos um mês de prática para que uma datilógrafa consiga decifrar meus textos. Minha última secretária, dona do monopólio da decifração, transformava seu mestre em escravo, tendendo a me impor suas vontades. De modo que pude me libertar definitivamente dessa dependência.

O início do celibato é tão maravilhoso quanto o início do casamento. É verdade que eu levo de fato uma vida de semissolteiro. De manhã, subo a escada, conduzindo-me do ateliê ao apartamento de Yvette, e tomo o café da manhã com o casal Cauquil e seu filho. Também tenho grande prazer em cozinhar. Cozinho delicadamente os legumes em seu próprio sumo; eles preservam assim todo o sabor, e eu os rego com azeite de oliva fresco ao servi-los. Preparo ovos quentes de olho no cronômetro, para retirá-los da água fervente aos três minutos e meio. Na rue Rambuteau, vizinha, são fartas as possibilidades de aprovisionamento, e eu mesmo vou escolher meus legumes, frutas, queijos e às vezes carne e peixe. Com frequência sou convidado para jantar. Não recebo diretamente meu salário do CNRS, mas chegam a minhas mãos pagamentos por trabalhos independentes e direitos autorais, e eu não pago aluguel, minhas despesas são mínimas.

Magda vem periodicamente de Turim para me encontrar. Ficamos primeiro na cama. Quando ela se levanta, amarra à cintura um pequeno avental que trouxe de propósito e desempoeira, varre, limpa, lava a louça, depois voltamos para a cama.

Logo eu passaria do número 38 para o 35 da rue des Blancs-Manteaux, morando dezessete a dezoito anos nessa artéria do Marais. Pude, assim, viver as etapas de sua transformação.

A rue des Blancs-Manteaux liga a rue du Temple à rue Vieille-du-Temple cruzando a rue des Archives. Nossa parte, entre Temple e Archives, comporta dois palacetes do século XVII, num dos quais eu moro, e outro mais antigo, do século XVI.

O bairro é muito cheio de vida na época em que eu me mudo. As Halles ainda não se mudaram para Rungis, e seriam demolidas em 1971-73. Esse "ventre de Paris" ainda fervilha com uma formidável vitalidade noturna, com seus *forts des halles*,* suas prostitutas, seus fanfarrões. O vasto terreno desocupado da rue Beaubourg ainda não

---

* Homens encarregados do transporte de mercadorias para o interior do mercado e que constituíam uma tradicional corporação muito conhecida na capital francesa. (N. T.)

foi ocupado pelo Centro Pompidou. No meu recanto, a população é maravilhosamente cosmopolita. Há judeus exilados na direção leste pela superpopulação da rue des Rosiers, árabes que trabalham nas halles e compartilham em grande número uma mesma peça; há uma colônia chinesa deportada durante a guerra de 1914 da concessão francesa de Xangai e cujos descendentes se dedicaram ao artesanato de couro; eles vivem em endogamia, mas seus filhos, que frequentam a escola, têm sotaque parisiense; veio somar-se também uma pequena colônia de martinicanos.

Os aluguéis na época são baratos nos prédios antigos ainda desprovidos de conforto. Depósitos e ateliês ocupam os primeiros andares, considerados nobres, dos palacetes do século XVII. Os pátios muitas vezes são cobertos de chapas onduladas e transformados em garagens. Os palacetes abandonados pela aristocracia durante a Revolução foram comprados por burgueses que os transformaram em prédios de locação; no século XIX, muitas vezes eles acrescentaram novos pisos, embora fossem originalmente construções de dois andares com sótão. Esse em geral é ocupado por franceses de condição modesta ou imigrantes.

Uma antiquíssima casa do século XV forma a esquina das ruas Pecquay e Blancs-Manteaux. É habitada por dois pintores homossexuais: um americano, David Hill, o outro canadense, Joe Plaskett. Eles moram ali desde o pré-guerra, na época de Henry Miller. Muito amáveis e acolhedores, eles gostam de promover festas.

A palavra "Marais"* não é muito usada pelos moradores do bairro. Ele está entre os "quarteirões insalubres" a serem demolidos, mas que passariam por uma reabilitação estética, com obras de restauração, modernização e reforma. Esse processo começa diante dos meus olhos por volta de meados da década de 1960. Um prédio meio arruinado, comprado por um empreiteiro, é esvaziado de seus velhos e pobres

---

* Pântano. (N. T.)

habitantes, transferidos para um subúrbio distante mediante indenização miserável. Executivos e intelectuais abastados para lá se mudam. A reconquista desse bairro popular pela burguesia liberal seria ampliada na década de 1970. De maneira geral, operários e moradores pobres seriam progressivamente expulsos dos bairros históricos reformados. O Marais de 1980 está hoje em dia reabilitado, museificado, aburguesado. Foi no Marais que Malraux, ministro da Cultura, lançou a primeira campanha de reforma para uma progressiva faxina de Paris, processo durante o qual paredes branqueadas numa primeira etapa já estariam cinzentas ao terminarem as operações em outras áreas.

O mesmo ocorreu com outros bairros do centro; entretanto, apesar de "boboizados",* para usar um neologismo mais recente, certas ruas preservam seu sabor popular e populoso, como a rue Montorgueil. Na década de 1970, a rue Rambuteau, que começava nas Halles, continua sendo abastecida com produtos frescos, graças à sua fonte matriz. As bancas ambulantes de vendedores de frutas e legumes desapareceriam aos poucos. Na rue de Bretagne, o velho mercado coberto de Enfants-Rouges continua cheio de vida. Chegou a ser fechado por algum tempo para demolição, por iniciativa de um prefeito de direita que pretendia construir um estacionamento no local, mas a pressão dos moradores do bairro, liderados por ardorosas militantes, conseguiria que um prefeito socialista o reabrisse alguns anos depois. Nessa época, as ruas continuam voltadas sobretudo para a alimentação, mas cada loja de comestíveis que fecha vem a ser substituída por um banco ou uma butique chique.

A pomposa expressão "Os Trinta Gloriosos", criada por Jean Fourastié, por sinal economista dos mais perspicazes, corresponde aos anos de crescimento econômico que vão de 1945 a 1973. Na verdade,

---

* De *bobo*, contração de *bourgeois* (burguês) e *bohème* (boêmio), designando certas camadas da intelectualidade elegante ou da aristocracia intelectualizada, geralmente reivindicando valores de esquerda. (N. T.)

é a partir de 1955 que vão surgindo os diferentes aparelhos e máquinas que asseguram conforto doméstico aos assalariados a preços abordáveis e a crédito.

Enquanto Paris, repovoada, fica superpovoada, o capitalismo imobiliário se desenvolve nas décadas de 1960 e 1970, tanto nos imóveis de "prestígio" dos bairros de classe alta quanto nos grandes conjuntos populares dos bairros periféricos e dos subúrbios. A segregação entre o Oeste e o Leste parisienses é reforçada por uma nova segregação entre bairros abastados para classes médias e bairros para imigrantes — Barbès, Belleville, Ménilmontant —, e depois os subúrbios de conjuntos habitacionais e espigões. A população aumenta, os subúrbios se estendem. São demolidas na cidade as pequenas casas autônomas que sobreviviam para que sejam erguidos em seu lugar conjuntos de prédios.

Em 1968 é decidida a reforma de Hauts de Belleville e do bairro da Porte d'Italie. Em ambos os casos ocorre o desaparecimento dos velhos bairros parisienses, com pequenos prédios habitados por famílias modestas, que dão lugar a grandes torres: assim é que Belleville passa de 8.000 a 11.500 habitações; a Porte d'Italie, de 21.000 a 49.000 habitantes.

Mas as classes médias não abandonam a cidade, embora uma parte delas saia em busca de espaço e de verde nos subúrbios residenciais. Vários bairros preservam certa diversidade social e cultural.

Nos grandes subúrbios mais próximos, os hipermercados, que se tornaram acessíveis com a generalização do automóvel, levam ao desaparecimento do pequeno comércio de aldeia e de burgo, inclusive padarias e cafés que também oferecem pequenas refeições. Da mesma forma, a implantação de supermercados em Paris acarreta o desaparecimento do comércio de proximidade. Ele será parcialmente substituído pelas pequenas mercearias magrebinas abertas vinte e quatro horas todos os dias.

Mas ainda existem ruas vivas, com lojas de alimentação, cafés, restaurantes, como a rue de Bretagne, a rue Rambuteau, a rue des Abbesses.

A Prefeitura de Paris tenta preservar alguns desses bairros animados, como o bairro de Montorgueil, o faubourg Saint-Antoine, mas quantos outros não terão sido desnaturados?

O boulevard periférico, iniciado em 1956, foi concluído e inaugurado em 1973. A autoestrada A6 (Sul) é concluída em 1961, a A1 (Norte), em 1965. Georges Pompidou determina a organização das vias marginais. A civilização do automóvel triunfou na cidade: multiplicam-se os estacionamentos e os controles mecânicos para se estacionar na rua.

Novos bairros surgiram nessa época. O bairro de negócios de La Défense é construído nos anos 1958-1970 com o CNIT,* com a elevação de grandes arranha-céus (o Grande Arco seria construído na década de 1980 por iniciativa de François Mitterrand). A construção do bairro do Front de Seine tem início entre a ponte de Iéna e o Point du Jour, sendo erguidas dezessete torres entre 1970 e 1979. O Plano de Urbanização Italie 13 começa a ser aplicado na década de 1960: trinta e cinco arranha-céus mais ou menos idênticos são construídos. Desenvolve-se o bairro chinês entre o boulevard Vincent-Auriol e a Porte de Choisy. Uma barreira de arranha-céus é erguida na praça d'Italie, num triângulo delimitado pela avenue d'Italie, a rue Vandrezanne e a rue Bobillot. Nós passaríamos a morar no vigésimo andar da Torre Jade, na rue Vandrezanne, ao deixarmos o Marais. Em frente à nossa gigantesca torre, uma minúscula casinhola com um humilde restaurante argelino oferecendo "O'birgins"** no cardápio.

Novos prédios e monumentos surgiram por toda parte em Paris. O palácio da Unesco foi construído na praça Fontenoy em 1958. A Maison de la Radio, circular e internamente labiríntica, foi inaugurada em 1963. A Torre Montparnasse é erguida entre 1969 e 1972 no lugar da antiga estação Montparnasse, demolida. Alta demais para o bairro, ela é ao mesmo

---

* Centro de Novas Indústrias e Tecnologias. (N. T.)
** Corruptela de *aubergines*, berinjelas. (N. T.)

tempo baixa para dominar Paris: seu relativo nanismo frustra seu relativo gigantismo. Reconstruída e modernizada por trás da torre, a nova estação Montparnasse é inaugurada em 1973. Os Abatedouros de la Villette são transformados em Cidade das Ciências de 1974 a 1984. A partir de 1979, o Museu d'Orsay é instalado na antiga estação homônima, onde Orson Welles filmou sua adaptação do *Processo*, de Kafka.

O Forum des Halles é inaugurado em 1979. As grandes redes de lojas de departamentos, as grandes firmas de vestuário, alimentação e cinema, de toda a modernidade mercante, tomaram o lugar das entranhas cheias de vida de uma Paris que ficou para trás. Haussmann tinha desnaturado a Paris antiga, a V República desnatura a Paris haussmanniana, mas museifica o que resta da Paris dos séculos XVII e XVIII.[1]

*

O abade Pierre lança no inverno de 1954 seu apelo à "insurreição da bondade" para salvar os miseráveis do frio. A repercussão é enorme. O acontecimento em si mesmo tem alto valor simbólico: é a volta da caridade cristã num momento de declínio das formas tradicionais de solidariedade e na ausência de qualquer perspectiva revolucionária capaz de levar ao fim da miséria.

O declínio da cultura operária coincide com o do Partido Comunista. Os subúrbios vermelhos transformam-se em subúrbios de imigrantes; os subúrbios de trabalhadores viriam a tornar-se depois de 1973 subúrbios de desempregados; os subúrbios de integração passam a ser subúrbios de desintegração. Tudo isso, naturalmente, é lento, progressivo, invisível

---

[1] Mais tarde, na presidência de Mitterrand, seriam erguidas a Pirâmide do Louvre (1983-89), a Ópera Bastille (1984-89), a Grande Biblioteca da França, em Tolbiac (1995). O bairro popular de Bercy seria radicalmente transformado com a construção do Palais Omnisports (1984) e do Ministério da Economia e das Finanças (1990), que deixa então a rue de Rivoli.

a curto prazo, mas ganha forma e sentido nos trinta anos que vão de 1962 a 1992.

O lento declínio da cultura republicana e do "povo de esquerda" teve início nos anos de grande desenvolvimento. Os educadores que perpetuavam essa cultura aos poucos desaparecem. A metade rural da população francesa encolhe a olhos vistos, e, com ela, o reinado dos professores, portadores da mensagem laica, social e republicana. Os professores do ensino secundário fecham-se em suas especialidades. Os partidos socialista e comunista não formam mais dirigentes e militantes em bases humanistas, solidaristas e internacionalistas. Para os partidos de esquerda, o gaullismo assinala um período de hibernação. Sob a direção de Guy Mollet, o Partido Socialista renegou-se ao dar prosseguimento a uma guerra da Argélia que o General fora capaz de interromper. A desestalinização acabou com o prestígio e o poder de intimidação do Partido Comunista, que, apanhado de surpresa em maio de 1968, mal consegue reagir, nesse mesmo momento, à repressão soviética em Praga, e cujas fileiras, em termos de militantes, representantes eleitos e eleitores, continuariam a rarear. As forças de renovação da "nova esquerda" e outras são fracas, divididas, e seu arauto, Michel Rocard, seria descartado da eleição presidencial em 1981. Em sentido inverso, o fim da guerra da Argélia, a reconquista de certo orgulho nacional, conferido pela política gaullista de independência, e a melhora das condições econômicas para as classes médias e populares conferem força e legitimidade a uma direita à qual parece perfeitamente conveniente deixar-se arrastar no turbilhão gaullista.

Só depois da demissão do fundador da V República, da depuração da SFIO,* transformada em Partido Socialista no congresso de Épinay, da política de rigor de Raymond Barre, da divisão entre giscardianos

---

* Seção Francesa da Internacional Operária. (N. T.)

MINHA PARIS, MINHA MEMÓRIA

e chiraquianos na direita e das promessas de um programa comum é que se dá um renascimento da esquerda, levando François Mitterrand à presidência.

*

Ao voltar da convalescença em 1962, eu entro para o Cercle Saint-Just, que passaria a se chamar, mais modestamente, de CRESP (Centro de Pesquisa de Estudos Sociais e Políticos). Ele é dirigido por Claude Lefort e Cornelius Castoriadis. As reuniões são feitas na casa do doutor Pitchall. Entre os participantes, sou ligado por forte simpatia, que viria a se tornar amizade, a Max Théret, cofundador da FNAC. O CRESP me une definitivamente a Lefort e Castoriadis, e eu continuaria unido a ambos mesmo depois de seu funesto rompimento. Foi durante esses anos do CRESP que terminariam com o divórcio do doutor Pitchall, que Cornelius, Claude e eu caminhamos no metamarxismo, cada um à sua maneira, na direção de nossas filosofias da maturidade.

*

André Malraux cria, em junho de 1959, a Comissão de Ajuda à Criação Cinematográfica, conhecida como "de adiantamento de bilheteria". Eu faço parte dela, juntamente com Marguerite Duras, Raymond Queneau, Pierre Moinot, Jacques Audiberti, Henri Queffélec, Dominique Aury (autor de *Histoire d'O*, sob o pseudônimo de Pauline Réage) e alguns representantes do ministério. Nós avaliamos roteiros, às vezes filmes já realizados. Eu participo das sessões quando estou em Paris. Os debates me agradam muito, sobretudo quando há confronto das opiniões mais divergentes. Audiberti exclamou certa vez a propósito de um roteiro de diálogos absolutamente medíocres, rejeitado por todos: "Mas é formidável, é como na vida!" Marguerite demitiu-se em

1961 para protestar contra as intimações policiais de signatários do Manifesto dos "121".

Em 1963, o produtor Denis Harroch convida Maurice Clavel e a mim para escrevermos o roteiro e os diálogos de um filme tendo por tema um ex-nazista que, para escapar da Justiça, assume identidade judaica e se refugia em Israel. Contra esse pano de fundo, eu imagino que um jovem SS que comandava um *Sonderkommando* de deportados incumbidos de fabricar moedas falsas em Auschwitz executa os membros do *kommando* quando as tropas soviéticas se aproximam do campo; ele assume a identidade de um jovem judeu desse *kommando* e se refugia em Israel. Com a nova identidade, ele constrói pontes, arranja uma companheira judia, de nome Dolores, e acaba escondendo até de si mesmo a identidade nazista, oculta sob sua identidade israelense. O filme começa no momento em que sua companheira lhe diz que está grávida. Até que um jovem sociólogo americano, que veio entrevistá-lo como sobrevivente do *Sonderkommando*, o perturba cada vez mais com suas perguntas e acaba por descobrir sua verdadeira identidade. Os três irmãos de Dolores então o sequestram para julgá-lo: um deles quer executá-lo ali mesmo, o outro, entregá-lo à polícia, e o terceiro, seguidor da cabala mística, acha que Jonathan, o judeu, não é mais realmente Hans Werner, o nazista, e que não é mais possível julgá-lo. Finalmente, o automóvel no qual seguem para a delegacia de polícia passa debaixo da janela de Dolores, que deu à luz. Ouvem-se os gritos do bebê sendo circuncidado. Fim...

Clavel e eu vamos de férias para Sainte-Maxime para escrever os diálogos, mas Maurice está ocupado demais com sua tragédia cristã, *Euloge de Cordoue*, e eu então me encarrego sozinho de desenvolver o roteiro e os diálogos. Naturalmente, eu não participo da sessão da comissão de adiantamento de bilheteria que examina o projeto e lhe concede uma verba. Harroch escolheu para a direção Henri Calef, que realizou *Jéricho*, mas também filmes bem medíocres. Eu faço com ele

MINHA PARIS, MINHA MEMÓRIA

uma primeira viagem de busca de locações em Israel (onde descubro o ódio recíproco entre judeus e árabes, que me permite avaliar a gravidade da situação) e depois uma segunda, com Violette, para as filmagens. Mas Calef não conseguiu das instâncias locais a ajuda financeira que esperava, pois a comissão encarregada não admitia que uma israelense tivesse uma relação amorosa com um alemão nazista, nem muito menos que dele tivesse um filho. Durante a filmagem, Calef adultera os diálogos: em vez de fazer do nosso personagem um ser complexo, de dupla identidade, transforma-o num covarde. Eu fico de tal maneira decepcionado que tiro o meu nome dos créditos dos diálogos. O filme não seria exibido em Israel nem na França, felizmente caindo no esquecimento.

*

No momento em que estou preparando no CNRS uma pesquisa sobre os militantes (eu sempre me perguntei sobre a pulsão militante), o acaso/destino decide de outra maneira. Uma grande investigação pluridisciplinar vem sendo realizada desde 1962 no município bretão de Plozévet, e Georges Friedmann sugere que eu me integre a ela. Eu escolho como tema a modernização, não só econômica, mas também psicológica. Vejo aí a oportunidade de proporcionar uma remuneração a um jovem pesquisador a ser mandado para o município, e assim me desloco com esse estudante, Peninou, para a sua instalação.

Através da família da minha primeira mulher, originária de Périgord e Corrèze, eu já conhecia essa que é uma das regiões da "França profunda". O que descubro em Plozévet é uma "Bretanha profunda", magnífica, e sinto uma irresistível vontade de mergulhar fundo na cidade. Decido então permanecer para fazer a pesquisa, tanto mais que Peninou, um dos dirigentes da UNEF,* desaparece em viagens

---

* União Nacional dos Estudantes da França. (N. T.)

pela China e outros países ditos socialistas. Instalo-me no povoado de pescadores de Pors-Poulhan, numa casa rústica sobre terra batida bem típica da região, no alto de um penhasco sobre o mar. Ali ficaria por um ano, para em seguida, em meio a uma enorme massa de documentos, redigir meu livro no sofrimento e na alegria. Terminaria sua redação na casa de Marguerite em Neauphle-le-Château, onde somos convidados com Johanne e onde voltaria a encontrar Dionys e Solange

A comunidade da rue Saint-Benoît foi reconstituída, à parte Robert, que só de vez em quando aparece com Monique, mas com o acréscimo de Johanne, minha nova companheira, que Marguerite adora: fala de fazer um filme para ela e lhe faz confidências, especialmente a propósito de Solange, que chama de "idiota".

A Guerra dos Seis Dias nos surpreende em Neauphle. Nas primeiras horas, Marguerite e eu ficamos preocupados com a sobrevivência de Israel; já Dionys se preocupa com os árabes e os palestinos. Finalmente, a vitória esmagadora de Israel e a anexação da Cisjordânia e de Gaza me deixam perplexo. Pouco depois, por influência de um novo amigo, Marek Halter, e sua mulher, Clara, eu aderi a seu Comitê pelo Reconhecimento Mútuo de Israel e da Palestina; a partir de então me conscientizaria mais da situação dos palestinos ocupados e colonizados e do câncer histórico que representa a reivindicação de um mesmo território por duas nações.

A maravilhosa temporada em Neauphle acaba mal. Johanne nunca teve papas na língua. Como Solange lhe diz que Marguerite a considera uma imbecil, ela confirma. Pouco depois, Solange queixa-se a Dionys: "Marguerite me despreza!" "Claro que não, Solange", responde ele, "você esta imaginando coisas." "Foi Johanne que me disse!" Dionys então promove um confronto semidostoievskiano no qual Marguerite minimiza o alcance do que dissera, afirmando que não passou de um gracejo. Separamo-nos aparentemente reconciliados, cada qual partindo para as férias de verão. Ao voltar, estou louco para reencontrar Marguerite, como combinado. "Você, Edgar, sempre que quiser, mas sem Johanne..." E foi então mais uma separação.

Meu livro *A metamorfose de Plozévet* é lançado no fim de 1967. Raymond Aron, com quem me encontro por acaso na rua, me informa da intenção dos responsáveis pela DGRST,* que promoveram a grande pesquisa pluridisciplinar, de me infligir uma censura científica. Trato logo, então, de procurar o novo presidente, Claude Gruson, e peço a convocação de duas comissões de inquérito: uma sobre o meu livro; outra sobre os créditos concedidos às equipes. Gruson dispõe-se a me dar um atestado me liberando de qualquer censura. Mas, não, o que eu espero são cumprimentos, pois tratei de temas centrais, até então ignorados na organização disciplinar: o tema das mulheres "agentes secretas da modernidade", o da juventude em busca da emancipação, o do remembramento rural etc. Fico tão indignado por ser condenado por ter trabalhado bem que estou disposto a lutar *hasta la victoria!*

Mas os acontecimentos de Maio de 68 chegam de roldão, eu esqueço a DGRST e a ofensa, e volto toda a minha atenção para a revolta estudantil. Mas, apesar de tudo, os boatos negativos continuariam a me perseguir: "Morin fez algo nada bonito em Plozévet!"

*

Em 1966, a leitura da primeira edição da minha *Introdução a uma política do homem* (desenvolvida na minha "meditação" durante a convalescença) levara o doutor Jacques Robin a me envolver na criação do Grupo dos Dez, cujo principal objetivo, segundo ele, era lançar sobre a política a luz da ciência (mais tarde, ele se daria conta de que a ciência também tem grande necessidade de que se projete luz nela). Inicialmente, os participantes são, ao lado de Jacques Robin, que

---

* Direção Geral de Pesquisa Científica e Técnica. (N. T.)

dirige o grupo, o ex-ministro democrata-cristão Robert Buron, Gérard Rosenthal, que foi advogado de Trotski, Joël de Rosnay, Henri Laborit, René Passet e Jacques Sauvan. Ele se amplia com a chegada de Henri Atlan, Jacques Attali, Jean-François Boissel e, episodicamente, Michel Serres, que logo nos deixaria por companhias de mais prestígio.

Graças a Laborit e Sauvan, descubro o sentido profundo da teoria da informação de Shannon e Weaver e o da cibernética de Wiener, que até então considerava redutora e mecanicista, mas que, pelo contrário, introduz a complexidade da retroação.

As reuniões são realizadas mensalmente no salão de Robin. Depois da exposição de um participante ou convidado, passamos ao jantar para depois retornar ao salão para os debates. Robin é movido por formidável e cândida boa vontade, a par de um inesgotável apetite de conhecimento.

É interessante notar que o CRESP e o Grupo dos Dez representam um avanço intelectual marginal e discordante que ficaria praticamente ignorado nessa década de 1960 em que o estruturalismo firma e estende seu reinado na fina flora da inteligência francesa. Na antropologia lévi-straussiana, no marxismo althusseriano, na psicanálise lacaniana, na semiótica barthesiana, no primeiro Foucault, o homem é abolido, como uma ilusão, o conceito de Sujeito parece algo atrasado e chega a causar náusea em François Wahl, editor dessas novas correntes na Seuil, e, quanto à História, é volatilizada. Para Lévi-Strauss, o objetivo das ciências humanas não é revelar o homem, mas dissolvê-lo. Naturalmente, a obra dos pensadores estruturalistas está cheia de refinamentos e, sutilezas, mas prospera sobre bases grosseiras ou inconsistentes. Desse modo, durante o que pareceu a seus admiradores e seguidores um novo Iluminismo, um altíssimo cretinismo pairou sobre a Inteligência francesa, disseminando-se por boa parte do mundo.

O sismo de Maio de 68 sacudiria tudo, revelando sobretudo que a civilização ocidental não se desenvolve em bases cada vez mais sólidas, mas em terreno cada vez mais minado.

Depois da "Noite da Nação 1963", na qual uma reunião de adolescentes suscitada pelo programa *Salut les copains* transformou-se em manifestação violenta, Jacques Fauvet, então redator-chefe de *Le Monde*, pediu-me um artigo. Nele, eu anunciava a formação de uma classe adolescente biossocial. A partir dali, interessei-me pelos acontecimentos propriamente adolescentes, como a efervescência que ocorrera em Berkeley em 1964-1965, o que naturalmente também era o caso nas diversas revoltas estudantis da primavera de 68, que sacudiram nações bem diferentes em todos os recantos do planeta. No início de 1968, eu fiz uma dissertação sobre "a internacionalidade das revoltas estudantis" num seminário realizado em Milão.

O acaso me catapulta em março a Nanterre. Henri Lefebvre, lá ensinando, solicita-me que dê prosseguimento a seu curso durante sua viagem à China. Eu desembarco num terreno baldio, aproximo-me da Faculdade de Letras e vejo carros de polícia indo e vindo com as sirenes a toda. Na entrada da faculdade, um ruivinho (que mais tarde viria a identificar como Dany Cohn-Bendit) se agita e gesticula. Entro na faculdade e dou com um Paul Ricœur aflito (alguns exaltados jogariam um cesto de lixo em sua cabeça). Dirijo-me para meu anfiteatro, lotado. No momento em que vou dar início à aula, elevam-se vozes: "Greve! Greve!" Proponho uma votação. A esmagadora maioria vota pelo prosseguimento da aula. Eu vou então começar, quando três energúmenos se aproximam e gritam, apontando para mim: "Morin tira! Morin tira!" Eu retomo a palavra, mas a sala se apaga completamente. Dispersão! Volto para casa atônito, mas comento com amigos, pensando nos movimentos estudantis que já estouraram em outros países, que aquele seria talvez o esboço de uma revolta francesa semelhante. Eu seria mais tarde cumprimentado pelo que parecia uma profecia, mas não passava de uma dedução de bom senso.

Mantenho-me vigilante. Bernard Paillard, que eu recrutara como estudante para participar de minha pesquisa sobre Plozévet, acompanha os acontecimentos e me informa da ocupação de Jussieu. Eu vou para lá:

vejo as salas ocupadas por grupos de estudantes estudiosamente debruçados sobre problemas pedagógicos, sociais e políticos. Imediatamente aviso a Lefort e Castoriadis: "Venham, venham ver!" — e, como eu, eles admiram a ocupação perfeitamente pacífica de Jussieu. Depois a Sorbonne também é ocupada, a revolta ganha corpo. Vou com frequência ver o que está acontecendo lá e cruzo uma vez com Maurice Clavel, que exclama, extasiado, com sua voz cavernosa, erguendo os braços: "Mas voltamos à Idade Média!" Lapassade, que se pôs a serviço do movimento, pergunta se eu posso conseguir uma banda de rock para a Sorbonne, o que eu consigo com um telefonema ao apresentador do programa *Salut les copains*, Daniel Filipacchi.

Escrevo para *Le Monde* a minha primeira série de artigos sobre "a Comuna estudantil", explicando o que acontece nesse universo juvenil no qual os meios de comunicação ainda não dispunham de antenas...

*

Eu tinha adiado minha partida para o Rio, onde Cândido Mendes, amigo de Domenach e de *Esprit*, à frente de uma universidade com o seu nome, me convidara para dar um curso. Tomo então o avião para o Rio, considerando que a calma havia voltado, mas já ao chegar acorro ao escritório da AFP, onde sou informado de que o incêndio começou de novo. Com sua extrema generosidade, Cândido permite-me fazer duas idas e voltas Rio–Paris entre a sexta-feira e a terça-feira. Como a Air France estava em greve na segunda vez, eu tomo um avião da Sabena até Bruxelas, pego carona até Paris e retorno ao Rio da mesma forma, passando pela Bélgica, apertado numa viagem noturna na minha poltrona de classe econômica.

Foi como um momento de êxtase histórico viver os primeiros dias de Maio. Era como se a paralisia cerebral que acometera a cabeça do

MINHA PARIS, MINHA MEMÓRIA

Estado tivesse restabelecido a plena liberdade do corpo social. A falha do grande superego como que restituíra a autonomia aos indivíduos, que passageiramente suspendiam sua vida robotizada. Como em junho de 1936, mas de uma forma diferente, todo mundo se falava nas ruas sem se conhecer, fossem jovens, velhos ou mulheres de todas as idades. Isso durou apenas alguns dias, e depois a angústia e as rotinas voltaram a se impor. Mas aqueles dias me deixaram maravilhado. Exaltado com os aspectos poéticos e positivos de Maio, eu não via os aspectos negativos, como a estupidez do slogan "CRS = SS"* ou a agressão situacionista** a Kostas Axelos.

Três estudantes se tinham introduzido em sua casa invocando um pretexto de estudos de filosofia e o haviam obrigado, sob ameaça, a escrever um texto renegando *Arguments*. (Debord tinha uma fixação absurda contra *Arguments* e a havia transmitido aos alunos.) Os "*situs*" se foram triunfantes e leram a autocrítica de Axelos no anfiteatro da Sorbonne. Mas ele os havia seguido e também subiu à tribuna, exclamando: "Um bando de pirralhos de merda me obrigou a assinar uma crítica de *Arguments*, mas eu proclamo que *Arguments* foi nossa honra e nosso orgulho!" No dia seguinte, Axelos encontrou um saco plástico cheio de merda diante de sua porta. Telefonou-me para que eu fosse proteger sua mudança. Eu fui, acompanhado de André Burguière, e nós subimos a escada cheios de precauções, como acontece nos filmes em que os heróis esperam a qualquer momento levar um tiro — no nosso caso, um monte de merda. Finalmente, conseguimos libertar Axelos, que abandona seu domicílio, armado de uma bengala-espada.

---

* CRS: As Companhias Republicanas de Segurança são um corpo da polícia nacional francesa encarregado da segurança pública e que intervém particularmente em manifestações de massa. (N. T.)
** Situacionismo designa, na França, um movimento estudantil contra o *establishment*. Seus militantes podem ser abreviadamente designados como "*situs*", ou situacionistas. (N. T.)

152 Edgar Morin

*

Separado de Violette três quartos do tempo, eu continuei em 1962-1964 minha vida de semissolteiro, amando Magda e amado por ela, periodicamente visitado por ela, mas sem que ela pensasse em deixar o marido nem que eu desejasse uma vida em comum com ela.

Eu não recusava convites para coquetéis de fim de tarde, o que me poupava de providenciar um jantar.

Certa noite, vou a um coquetel "misterioso" na taberna Nicolas Flamel, no meu bairro. Adoro coquetéis e ao mesmo tempo tenho horror deles. O que adoro são os bufês cheios de petiscos, o champanhe, os encontros inesperados. O que me causa horror são as conversas de coquetel, os "Que é que você está aprontando no momento?", a troca de banalidades e, exceto quando encontro algum velho conhecido, fico embaraçado, não sei que dizer, não tenho vontade de dizer nada. E eis que nesse coquetel misterioso sou interpelado por uma voz de mulher: "Paizinho Morin!" Dou então com Johanne, uma bela negra, na verdade uma mestiça, com quem tivera passageiro contato quando, voltando de Santiago do Chile em 1961, fiz escala em Montreal com Violette, encontrando um grupo de cineastas do Quebec com o qual jantamos e que nos acompanhou — juntamente com Johanne, muito loquaz — ao aeroporto.

Depois eu viria a conhecer, em 1963, o cineasta quebequense Claude Jutra, no avião no qual viajava para o festival de cinema de Veneza, onde participava do júri. Ele levava a Veneza seu filme *À tout prendre*, que pretendia exibir numa projeção privada. Trata-se de um filme autobiográfico, patético, para mim perturbador, no qual ele conta sua história com Johanne. Ele a conhece num coquetel em Montreal, oferecendo-se para lhe servir uísque: "Quer que eu dê uma chorada?" E ela responde: "Quero muita mágoa." Os dois se tornam amantes, ela engravida, eles decidem casar-se. Mas a família de Jutra, católica, e seu confessor intervêm, pressionam para impedir esse casamento inconveniente: Johanne é negra, órfã e boêmia; depois da morte do pai, um afro-canadense das Índias Ocidentais, acometido de tuberculose, sua mãe quebequense, branca e católica a abandonou num convento de religiosas, onde a menina foi criada até a adolescência. Jutra cede à imposição familiar e telefona para Johanne: "Johanne, acabou." Manda-lhe então um cheque para abortar. Johanne tenta se matar. Essa história é que Jutra, tomado de remorso, conta em seu filme, representando seu próprio papel, enquanto Johanne faz o mesmo.

O filme me marca, e quando a encontro no misterioso coquetel, não é apenas a esplêndida Johanne que eu descubro, é também a Johanne do abandono, do sofrimento e do amor. Ela está toda risonha e talvez já um pouco embriagada. Veio para Paris tentar a sorte. É manequim de moda, mas espera despertar interesse num dos cineastas que conheceu no festival de cinema de Montreal. Nós brindamos com champanhe. Eu peço seu número de telefone. E entro em contato já no dia seguinte; é um dos primeiros dias da semana. "Quer jantar comigo no sábado?" Ela imediatamente aceita. "Sexta-feira?" Ela também concorda. "Quinta-feira?" A resposta é sim. "Amanhã?" "Tudo bem..."

Eu a convido ao restaurante Chez Françoise, no subsolo do terminal de ônibus dos Inválidos. Bebemos um beaujolais por mim escolhido e elogiado. Ao sair, convido-a a degustar a *boukha*, aguardente de figo, no pequeno restaurante tunisiano Lalou, na rue des Rosiers. E depois a convido a ouvir discos de flamenco em minha casa. O inevitável acontece, ela passa a noite comigo, e acabaria ficando quinze anos.

Ela morava na casa de uma amiga canadense, uma magnífica judia loura de origem alemã, Madeleine Lersch, que vivia uma relação extremamente masoquista com um jamaicano *créole*. Johanne apanhou suas coisas na casa de Madeleine Lersch e as levou para a minha alguns dias depois.

Ela me deslumbrava com o brilho de sua beleza, sua alegria de viver, sua inteligência espontânea, sua imensa generosidade, sua atenção com os outros (ao mesmo tempo era muito egocêntrica). Magda telefonou-me certa manhã quando eu acabava de fazer amor com Johanne, entendeu perfeitamente pela minha respiração arquejante, não neguei, e foi então a separação. Depois, ficaríamos amigos.

O verão chegou, o produtor de cinema Harroch me emprestou seu carrinho inglês e eu fui com Johanne para Carboneras, na Andaluzia.

Johanne era a dança e a festa encarnadas. Passamos um verão seguinte — ou o mesmo, não lembro mais — em La Mourre, nas montanhas entre La Garde-Freinet e Saint-Tropez; e ela me levou a descobrir minha vocação, que haveria de se transformar em adição, para o rock dançado sozinho, a dois ou em grupo, simultânea ou alternadamente. Eu não conseguia parar de me sacudir, bambolear, contorcer e pular durante horas. Sentia-me possuído, à beira do transe. Nós éramos os últimos na pista até o alvorecer, e voltávamos para a casinha de La Mourre, sem eletricidade, iluminada por uma lamparina a querosene, sem água senão a do poço, mas cujo nome era um convite ao amor. Foi em Saint-Tropez que fizemos amizade com Jean e Michèle Daniel, formando um quarteto inseparável por muito tempo, nas férias dos anos seguintes.

Na verdade, meu desejo por Johanne logo acabou. Teria sido por causa de um amor paternal que se insinuara no coração do amor que eu sentia por ela? Ou ficaria eu inibido, em vez de excitado, pela total liberdade sexual que a levava a se acasalar, quando embriagada, ao primeiro que aparecesse? Ela não era alcoólatra, podia passar dias sem beber, mas quando começava não parava mais. Numa primeira etapa, mostrava-se inventiva, espirituosa, mas depois ficava pegajosa, emburrecida.

Certa noite, tomei um avião para Caracas e, antes de levantar voo, pensei em contratar um seguro em seu nome para o caso de um acidente. Depois, cada vez mais preocupado em proteger a órfã, decidi desposá-la; nós nos casamos com grande alegria na sede administrativa do 4º *arrondissement*, e depois recebemos para um jantar no Garin, *maître restaurateur* onde Malraux costumava ter sua mesa.

MINHA PARIS, MINHA MEMÓRIA

Entrementes, tínhamos mudado duas vezes. Da primeira vez, o proprietário do número 38, o Sr. Citrini, alugou-nos um pequeno apartamento autônomo no terceiro andar do seu prédio. Da segunda, transferimo-nos para o 35 da mesma rua. Nós ficáramos sabendo por intermédio de um pequeno elfo homossexual de origem espanhola, Emmanuel, com quem Johanne fizera amizade, que o proprietário de um apartamento do primeiro andar, um jovem artesão, ia se mudar para o subúrbio. O 35 era um palacete do século XVII com uma bela escadaria; o apartamento, no andar nobre, tinha pé-direito alto; havia um mezanino ao qual se chegava por uma pequena escada interna e que servia de quarto de dormir. O aluguel chegava aos 800 mil francos. Eu não tinha economias. Felizmente, Violette, casando-se com meu amigo Pierre Naville, vendeu o apartamento que legalmente me pertencia, pois havia empatado em sua compra o valor recebido pela venda da mansão do meu pai. Violette queria ao mesmo tempo me punir e evitar que a herança destinada a chegar às mãos das nossas filhas fosse dilapidada: em outras palavras, não me dar nada. Ela vendeu o apartamento da rue Soufflot por 3.500.000 francos. Naville a levou a me entregar 500 mil. Com essa soma, consegui um empréstimo bancário para completar o preço de compra. O agente imobiliário era honesto, pois, antes da assinatura da promessa de venda, outro comprador lhe ofereceu 100 mil, depois 200s mil francos a mais, o que ele recusou, para cumprir a palavra.

Esse apartamento, mobiliado e decorado por Johanne, me agradou infinitamente. Nele vivíamos em harmonia com os vizinhos: no mesmo andar, Michèle Manguin e seu companheiro Bakka, filho de uma francesa e de um pequeno paxá marroquino; no andar de cima, Pauline Bernatchez, amiga de Johanne, como ela modelo do Quebec, vivendo com Rolling, guitarrista na orquestra de Johnny Hallyday. Diante do apartamento de Pauline, a irmã de Blitz, cofundador do Club Med, com seu companheiro; no sótão, abaixo de nós, o pequeno elfo espanhol,

Emmanuel Dom; e por fim, no último andar, um casal encantador cujos nomes e profissões me fogem à lembrança. Estávamos constantemente visitando e convidando uns aos outros; emprestávamos sal, pão, manteiga ou vinho em caso de necessidade. Para os convidados a jantar, Johanne oferecia pratos magníficos que levava um dia inteiro preparando. O pátio do prédio foi inicialmente ocupado por nossos carros, e quando alguém queria sair com o seu, bloqueado pelos demais, chamava os vizinhos, que não reclamavam para retirar o seu e depois voltar a estacioná-lo. No fundo desse pátio havia uma casinhola onde morava Titus-Carmel. Em frente, a velha casa de Joe Plaskett e David Hill, que também nos frequentavam e nos recebiam. Johanne aglutinava, despertava curiosidade, interesse e afeto. A amiga que conhecemos no Palagio, Myriam de Courtil, foi hospedada por Joe Plaskett no quarto-sótão cuja janela dava para as nossas, e de janela para janela Johanne e ela conversavam como duas comadres. A atriz Aurore Clément e o arquiteto Garcia eram vizinhos e amigos nossos. Foi-se formando assim um pequeno universo de simpatia, vínculo, amizade e afeto. Praticamente não passava um dia sem uma festa na casa de alguém, especialmente na nossa. Numa noite de pândega certamente barulhenta demais, um desconhecido deu um tiro de revólver na direção do nosso apartamento e furou uma vidraça.

*

Eu editei em 1970 um número especial de *Communications* sobre Maio de 68. E sobretudo organizei dois anos depois, na Hautes-Études, um seminário de interpretação das interpretações de Maio de 68. Escrevi um artigo de aniversário para *Le Monde* em 1978, outro para uma revista em 1988, mas o "belo Maio" aos poucos se foi apagando na minha mente, encoberto por outros acontecimentos.

Deixo Paris durante quase um ano com destino à Califórnia, onde sou convidado pelo Salk Institute em 1969. Essa estada desencadeou no meu sistema mental uma espécie de mutação genética de importância equivalente, no que me diz respeito, àquela que transformou o primata hominídeo em homem. Disso dá testemunho o meu *Diário da Califórnia.*

No meu retorno, com a ajuda tutelar de Jacques Monod, é criado o CIEBAF (Centro Internacional de Estudos de Biologia e Antropologia Fundamentais). Objetivo: ligar a parte biológica e a parte cultural/espiritual do ser humano, até então (e ainda hoje) dissociadas. Eu associo a esse trabalho meus amigos Lefort, Castoriadis e Claude Gregory (que dirige a *Encyclopœdia universalis*): infelizmente, depois de algumas sessões interessantes, Cornelius e Lefort se demitem, tendo Jacques Monod falado com desprezo da psicanálise. Cornelius tornara-se a essa altura psicanalista, e Lefort fizera psicanálise para poder concluir sua tese sobre Maquiavel.

Claude Gregory apresenta-me a Philippe Daudy, genro do proprietário-mecenas da abadia de Royaumont, o fabricante de locomotivas Gouin. Ele obteve sinal verde do sogro para lá organizar algo mais que encontros literários, que no fim das contas se tornavam monótonos. Deixou-se seduzir pela ideia de introduzir em Royaumont o CIEBAF, que passa a se chamar "Centro Royaumont para uma Ciência do Homem". Jacques Monod lança a ideia de um seminário internacional sobre a Unidade do Homem, integrando aos preparativos dois outros prêmios Nobel: François Jacob e Salvatore Luria. O mecenas americano de Pugwash libera recursos. Para os preparativos, Monod me faz acompanhar de um jovem biólogo italiano, Massimo Piattelli-Palmarini, que adere a minhas concepções (não reducionismo, complexidade, auto-organização). Estabelecemos então a lista de convidados. Nela incluo Heinz von Foerster, Henri Atlan e Serge Moscovici, os quais introduzem nas sessões ideias que a muitos podem parecer absurdas e cuja presença me vale amistosas repreensões de Monod. O seminário é realizado em clima de euforia em Royaumont. Os conhecimentos expostos — de vanguarda, na época — ainda não imbuíram as mentalidades, e o livro derivado desse encontro de setembro de 1972 continua ainda hoje estranhamente atual.

Eu fiz uma dissertação intitulada *O paradigma perdido, a natureza humana*, reabilitando o conceito de natureza humana e conferindo-lhe um sentido bioantropológico. Moscovici sugere que eu a transforme em livro, o que em alguns meses efetuo praticamente ao correr da pena, nos lugares mais diversos, como a Casa dos Escravos de Salvador da Bahia e o Argentario, onde sou recebido pelos Daniel.

Em setembro de 1973, sou convidado por Tom Bishop a passar um trimestre na New York University. Já relatei em outras circunstâncias essa maravilhosa estada no 18º andar de uma torre de Bleecker Street, onde pude oferecer hospitalidade a Dionys, Solange e Marguerite. Foi lá que, num indescritível entusiasmo, eu redigi a introdução geral de *O Método*.

Eu me sinto em velocidade de cruzeiro, mas ao retornar a Paris, no início de 1974, vem a desmoralização: obrigações demais, solicitações, impossível reunir as condições necessárias para deslanchar na redação. Eu perdi o elã nova-iorquino. Johanne leva sua vida amorosa, eu entrei numa relação com uma mulher adorável, mas pela qual não sinto amor. Ao mesmo tempo não posso ficar em Paris e não posso deixar Paris. Paris, minha Paris, minha placenta, tornou-se para mim motivo de asfixia.

Reproduzo aqui o relato que fiz desse momento em meu prefácio da nova edição de *O Método*:

"Todo deslocamento para conferências me parecia perda de tempo, e de qualquer maneira eu perdia meu tempo. E, no entanto, eu deveria passar uma semana em Figline Valdarno, na Toscana, em setembro de 1974, para um seminário que tinha organizado juntamente com Cândido Mendes, na mansão de meu amigo Simone di San Clemente, Il Palagio.[2] Eu tivera a ideia de promovê-lo nesse lugar tão diferente das salas universitárias e dos salões de hotel. Simone fornecia vinho, azeite de oliva, e a gastronomia toscana de sua mesa era das mais requintadas. Mas foi sem entusiasmo que eu compareci. Chegando à estação de Florença, eu era aguardado por I., sobrinha de Simone, uma jovem que anteriormente já havia manifestado simpatia por mim, na Toscana. Enquanto ela me conduzia ao Palagio, eu lhe falava da minha impossibilidade de escrever, ela via minha tristeza... Anjo de carne e osso que era, ela veio na primeira noite trazer-me ardor e alegria de viver, e durante a estada no Palagio, e depois durante oito dias em Roma, inspirou-me um amor cuja combustão foi tão absoluta que não deixou cinzas nem arrependimentos quando nos separamos na estação de Turim, eu para voltar a Paris, ela de partida para Bali. Mas minha Providência encontrara a solução para que eu afinal redigisse. Ela entrara em contato com seu amigo Lodovico Antinori, que por sinal eu conhecia, e que tinha em suas terras na Toscana marítima, perto de Bolgheri, antigas fazendas que alugava para férias e nas quais me ofereceu sua hospitalidade. O que é capital para *O Método* é que esse anjo inesquecível me tinha insuflado as energias que haveriam de me propulsionar.

"De volta a Paris, preparei minha viagem, reunindo anotações, papéis, documentos, livros. Mas tive de adiar por alguns dias a partida: meu pai foi operado de catarata no hospital Quinze-Vingts. Dois dias antes da data marcada para viajar, conheci na minha vizinha de andar e amiga da rue des Blancs-Manteaux. Uma jovem morena de olhos azuis que me furaram o coração. Em dado momento, ela acariciou com dois dedos o dorso da minha mão. Em vista da viagem, contudo, desisti da ideia de voltar a vê-la. Na manhã seguinte, eu saía de casa para ir ao Quinze-Vingts para ver meu pai quando a encontrei diante da porta do meu prédio. Convidei-a a me acompanhar

---

[2] O seminário abordava a crise do desenvolvimento (já então!), e minha dissertação se intitulava "O desenvolvimento da crise do desenvolvimento". As atas do seminário foram publicadas pela editora Seuil, sem despertar qualquer interesse.

ao hospital, e ela aceitou. Ao me despedir, pedi seu número de telefone. No dia seguinte, telefonei e perguntei com ar parvo: "Quer ir a Genebra comigo amanhã?" Eu pretendia fazer uma parada não em Genebra propriamente, mas em Collonges, encantador lugar de vilegiatura à beira do lago Léman, nas imediações da cidade. Ela pediu que eu voltasse a chamar dentro de uma hora, e então aceitou.

"Pela manhã, fui buscá-la com minha Volkswagen atulhada de papéis e livros no banco traseiro, para não falar da minha pequena máquina de escrever elétrica Olivetti, e ela me acompanhou até depois do lago Léman, nas terras do meu amigo. Instalei-me numa casinhola onde ela me visitava três dias por semana: foi a minha segunda Providência, que me proporcionou a combustão amorosa necessária para a ativação do meu alto forno..."

Eu redijo uma primeira versão global em Castiglioncello di Bolgheri, e então decido publicar separadamente as três partes que constituem essa primeira versão, refazendo com obstinação o primeiro volume, *A natureza da natureza*, em Carniol, na Haute-Provence, na casa de Claude e Myriam Gregory, e depois ao pé da montanha Sainte-Victoire, na casa de Charles e Jo Nughe. A versão datilografada, entregue ao editor em 1976, é publicada em 1977.

O livro cai bem: é um ano de crise intelectual e de reinterrogações. O marxismo, que ganhara novo fôlego depois de Maio de 68, é vítima da revelação espetacular do Gulag, que perfura a Muralha da China mental que até então impedia qualquer infiltração de verdade na realidade soviética; o maoismo perde sua mística revolucionária com o caso do "Bando dos Quatro"; o Vietnã liberado passa por sua vez a oprimir o Camboja; em suma, o desencanto político sofrido pelo comunismo acarreta o desencanto ideológico do marxismo; a doutrina, estimulante em contexto de esperança, torna-se tediosa na desilusão. Por outro lado, o estruturalismo lentamente perde sua hegemonia e surge já então como moda ultrapassada.

MINHA PARIS, MINHA MEMÓRIA 161

É nesse vazio que surge o meu livro, logo despertando interesses os mais variados: "Enfim alguém pensa!", escreve Olivier Cohen.

*

Johanne teve seus amores, eu tive os meus. Nosso vínculo se afrouxou ao longo dos meses e anos em que trabalhei em O *Método*. Eu tinha alugado durante o ano — à parte os períodos de férias — uma esplêndida casa em Ménerbes, no Luberon. Ela pertencia à Sra. Gimpel, que tinha uma galeria de quadros em Londres. Era a esposa de Jean Gimpel, mente sutil e paradoxal em seu *Contre l'art et les artistes*, mas penetrante em *Les Bâtisseurs de cathédrales* e *La Révolution industrielle du Moyen Âge*.

Em março de 1978, voltando de Bruxelas a Paris, paro para almoçar na casa do meu amigo Brams, que tinha se casado com a mulher loura que tanto me havia fascinado em Santiago do Chile em 1961. Desde então, em várias oportunidades eu tinha encontrado Edwige, sentindo descargas elétricas em nossos olhares, e ela chegara inclusive a me acompanhar certa vez num quarto emprestado por Pauline, mas eu me mostrara impotente de tanta emoção, o que ela atribuíra à sua falta de *sex-appeal* aos meus olhos. Ela morava num triste apartamento da rue de la Pompe, naquela parte do 16º *arrondissement* que é puro tédio. Tinha preparado um prato de lentilhas para o almoço. Da casa de Brams, eu telefono para Janie, minha segunda Providência em O *Método*, que me pede que permaneça em Paris. Edwige percebe sua insistência e, desligado o telefone, me olha com desagrado, como se estivesse com ciúme. Convido então o casal Brams a passar o feriado de Páscoa em Ménerbes, onde os recebo. Edwige é mordida por seu cão raivoso, Justin. Enquanto Lucien nos leva a um médico em Apt, resmungando contra Edwige e contra o cão, eu estou sentado ao lado dela, segurando sua mão e recebendo seu olhar de gratidão.

Lucien volta para Paris por causa do trabalho; eu sei que, tendo sido perdidamente apaixonado por Edwige, ele agora tem uma amante. Na manhã seguinte, Edwige desce tranquilamente a escada, eu caminho tranquilamente na sua direção, e nós nos beijamos tranquilamente.

Relatei no meu livro dedicado a Edwige[3] nossos amores clandestinos em apartamentos de amigos ou hotéis. Um belo dia, estando ambos na casa de campo do pintor Solombre, eu convido Lucien para um passeio pelo bosque, declarando-lhe que me considero já então como protetor de Edwige. Ele se limita a dizer-se espantado. Depois, como muitas vezes acontece nesses casos — e como me aconteceu quando Violette começou a amar L.M. —, Lucien torna-se possessivo, ciumento: exige que ela rompa comigo, ameaça deixá-la. Como ela não ceda, ele se vai um belo dia de manhã com a cama presa ao teto do automóvel e levando também o aparelho de som. Edwige vai morar na rue des Blancs-Manteaux durante os meses que Johanne passa em Montreal para escrever seu livro de memórias, *La Leçon*. Quando ela volta, Edwige retorna para sua casa. E então minha separação de Johanne é decidida com um pretexto fútil. Estamos ambos cansados um do outro. Eu decido vender meu apartamento para lhe dar uma bela residência em Montreal, onde ela deseja viver. Como Francis Ford Coppola deseja comprar meu apartamento, todos os amigos me dizem que bata pé no preço de um milhão de francos. O emissário de Coppola me oferece novecentos mil, que eu recuso. Pouco depois, Coppola desiste de se mudar para Paris para comprar um estúdio... de cinema em Hollywood.

Eu levo tempo para vender o apartamento, que finalmente vai para as mãos de um jovem psicanalista. Uma amiga feminista estimula Johanne a consultar uma advogada para não ser enrolada por mim. A advogada me pede que pague uma pensão ao longo de vários anos; eu respondo que pagarei o dobro, sem limite de tempo. A advogada me pede que

---

[3] *Edwige, l'inséparable*, Fayard, 2009.

garanta uma habitação decente para Johanne. Eu informo que estou vendendo meu apartamento e que destinarei a metade do apurado para conseguir uma casa para ela em Montreal: os preços do mercado imobiliário nessa cidade permitem oferecer-lhe uma bela residência perto do velho bairro francês.

Chega a hora da separação. Johanne contrata uma empresa de mudanças para instalar móveis, quadros e objetos em contêineres. Eu assisto ao esvaziamento do apartamento. Mais tarde, em Montreal, eu lhe pediria apenas que me devolvesse o serviço de chá de metal prateado, única herança de minha mãe.

Infelizmente para mim, o imposto de renda se recusa, numa fiscalização, a reconhecer como gastos dedutíveis meu aluguel de três anos em Ménerbes, meus gastos de aquecimento, viagens e restaurantes, e eu sou obrigado a pagar atrasados que amputam fortemente o que me restava da venda; com esse resto, no entanto, consigo comprar um apartamento no vigésimo andar da Torre Jade, na praça d'Italie.

Eu aprendi muito, mas ganhei Edwige.

VIII

Da rue de la Pompe à praça d'Italie
1980-1984

Em 1980, mudo-me para o apartamento de Edwige na rue de la Pompe, num trecho da rua que fica entre as avenidas Georges-Mandel e Victor-Hugo. O Liceu Janson-de-Sailly, para filhos das classes abastadas, fica quase em frente. Um bistrô ao lado do prédio, frequentado por operários, lojistas e artesãos, é uma espécie de enclave popular nesse trecho de rua cheio de lojas chiques nas imediações da Victor-Hugo. Nessa artéria, um excelente açougueiro atrai os apreciadores de boas carnes. Mais adiante, depois da avenue Georges-Mandel, a rua se torna populosa, cheia de lojas de alimentação e frequentada principalmente por clientes enchapeladas e empregadas ibéricas.

O apartamento de Edwige fica num prédio que por sua vez faz parte de um bloco ao redor de um grande pátio-jardim. Esse apartamento no primeiro andar tem uma ampla varanda dando para a rua, mas vazia. Ela poderia ser verde, florida, mas Edwige a negligenciou. O apartamento é claro, mas sem encanto. Dá para perceber que não foi amado. A mãe de Edwige o comprou para ela na construção, bastante recente. A vida nesse conjunto residencial é anônima. As pessoas se cruzam no pátio, na escada, sem se cumprimentar. Nós não conhecemos nossos vizinhos. Não temos amigos no bairro. O que torna tanto mais brutal a transição da rue des Blancs-Manteaux.

A avenue Georges-Mandel é arborizada, com um canteiro central, mas eu a acho sinistra. O bairro todo me inspira tristeza e tédio. Pela manhã, nós vamos ao bosque de Boulogne, ao lado, onde Edwige deixa seu cocker brincar à vontade. Justin tem o pelo castanho-claro, grandes orelhas caídas e lambe constantemente o rosto de Edwige, que sempre concentrou seu amor num animal doméstico. Ela fala com ternura e saudades do seu querido terrier alemão, Mimi. Mas Justin tem acessos de loucura nos quais morde cruelmente sua dona, apesar de adorá-la. Nós então saímos correndo para o médico ou o hospital para que ela tome uma injeção antirrábica ou antitetânica. No bosque de Boulogne, Justin corre como um louco, como se estivesse treinando para as Olimpíadas caninas. Edwige o estimula: "Vai, vai, vai!" Ela cumprimenta alguns cavalheiros passeando com seus cães pela manhã, como ela, parando para um bate-papo.

Edwige tem uma empregada doméstica antilhesa. Para cativá-la, eu lhe digo que tive uma esposa negra. Ela não acredita, achando que lhe estou dando em cima.

Eu sou apresentado a Criquet, sobrinha de Edwige, que desde a infância mantém com ela um afeto sem mal-entendidos, ao contrário de Evelyn, gêmea heterozigota de Edwige, que é sua mãe, e da filha de Edwige, que sofreu nesse apartamento quando a mãe morava nele com Lucien, detestado por ela. Criquet casou-se recentemente com Ficou Lavau numa igreja de culto ortodoxo. Animado, amável, prestativo, Ficou trabalha num escritório da Renault. Os dois logo têm um bebê, Géraldine, mas Ficou morreria prematuramente, num acidente, e Géraldine não guardou qualquer lembrança do pai.

Nós recebemos amigos de passagem, jornalistas. Assim como Johanne era extrovertida, receptiva a desconhecidos, Edwige mostra-se reservada. Mas quando sente simpatia sai da concha, como um caramujo, e acaba se abrindo como uma pequena ostra.

MINHA PARIS, MINHA MEMÓRIA

*

No auge das minhas dificuldades financeiras, Jean-Caude Barreau, padre dedicado às crianças de rua, que perdeu o hábito e se casou com Ségolène, mas se manteve cristão, assumiu a direção de uma coleção na editora Fernand Nathan e me pede um livro. Eu lhe proponho então *Para sair do século XX*, em troca de um considerável adiantamento. Escrevo o livro em parte na rue de la Pompe, narrando em *Diário de um livro* as peripécias pessoais e os grandes acontecimentos que acompanham sua redação, especialmente no momento da eclosão em Gdansk, na Polônia, da grande greve *Solidarność* do início de 1979 nos estaleiros Lênin. *Para sair do século XX* é escrito com grande facilidade. Eu aplico o "pensamento complexo" ao século em andamento, formulando meus grandes imperativos históricos. O livro é lançado em 1981.

Homem de muitos talentos e aparentemente herdeiro designado da editora Le Seuil após a aposentadoria do diretor-fundador Paul Flamand, Claude Durand fora relegado por uma conjuração de barões e acabara por assumir a direção da Fayard. Enquanto a Seuil não se interessa pela reunião de meus artigos em livro, Claude Durand publica, em 1982, *Ciência com consciência* e, em 1984, *Sociologia*. Entrementes, publica também o ensaio que escrevi sobre o comunismo soviético, *Da natureza da URSS*. Ao contrário de *Para sair do século XX*, todos esses livros passam praticamente despercebidos. Eu não sou um cientista para os cientistas, nem um sociólogo para os sociólogos, nem um filósofo para os filósofos, nem um escritor para os escritores. Só aos meus próprios olhos é que sou tudo isso ao mesmo tempo.

Nem Edwige, que quer se libertar, nem eu, que não gosto do 16º *arrondissement*, queremos ficar na rue de la Pompe. Como a essa altura a compra de um apartamento no Marais não está nas minhas possibilidades, como o preço de um apartamento num arranha-céu da praça d'Italie é acessível, embora as taxas sejam elevadas, e considerando também a excelente lembrança que guardei do vigésimo andar da torre Bleecker Street, em NY, eu resolvo comprar, com a concordância resignada de Edwige, um apartamento no vigésimo ou 18º andar, não lembro mais, da Torre Jade. O prédio tem grande elevadores que levam aos primeiros andares e depois elevadores expressos que conduzem diretamente ao décimo e continuam sua ascensão de andar em andar. Esses elevadores são amplos e comportam muitos moradores, que no entanto não se cumprimentam nem se falam. Nós temos vaga na garagem do terceiro subsolo, deserto e angustiante; certa noite, tendo sido chamada às pressas por sua mãe, que passava mal, Edwige foi atacada na garagem e só se salvou por ter tido o duplo reflexo de fechar a porta na mão do agressor e abrir ao mesmo tempo a porta automática de saída. Um terraço verdejante, na altura do segundo ou terceiro andar, liga as várias torres, mas não convida propriamente a passear. A base das torres é cingida por uma galeria comercial, com um supermercado, um ou dois restaurantes, as lojas habituais nesses lugares, nada de muito poético. Às vezes nós fazemos uma incursão gastronômica pelo bairro chinês ao lado.

Sejam locatários ou proprietários, muitos moradores ficam pouco tempo nas torres: estão de passagem, à espera de encontrar algo melhor dentro das suas possibilidades.

Nosso apartamento tem vista aberta para o sul e o céu. Mas ao contrário da minha torre nova-iorquina, que dava para a confluência do River com o Hudson, para a Estátua da Liberdade e o oceano, o que se oferece ao nosso olhar é um subúrbio sem forma. Felizmente, os compartimentos são ensolarados, e, quando vem também uma tempestade, as rajadas de chuva castigam as janelas, e a torre parece ondular sob a borrasca.

Por mais que Edwige arrume lindamente o apartamento, instale uma bela cozinha e a doméstica espanhola seja simpática, nós não nos sentimos enraizados. Nesse lugar, Edwige chegou inclusive a ter dois episódios de sonambulismo. Da primeira vez, eu a vejo levantar-se em plena noite, com seu lindo rabinho nu, pegar a bolsa e se dirigir para a porta do apartamento, dizendo: "Estou com muita pressa." Eu tranquilamente a trago então de volta à nossa cama. Da segunda vez, após a volta das férias, ela tinha esquecido onde havia deixado as chaves do apartamento, procurando-as por toda parte, em vão, durante dias. Certa noite, levanta-se de camisola e eu a sigo: ela vai diretamente para o banheiro, sobe na beirada da banheira, abre um armário que se encontra acima e retira o chaveiro de baixo de uma pilha de roupas de cama. Eu a conduzo de volta à cama, tomo as chaves de suas mãos e, ao acordar pela manhã, sacudo o chaveiro diante de seus olhos. "Mas onde foi que você achou?", espanta-se ela.

Lembro-me também do dia em que voltávamos do castelo de Thoiry, onde havíamos participado de um jantar com champanhe oferecido pelo Instituto do Gosto. Ao pegar a estrada na saída do castelo, eu constato surpreso que a faixa intermediária foi duplicada, mas logo me dou conta de que estou vendo tudo dobrado, ficando portanto vigilante. Chegando à autoestrada de três pistas, eu vejo seis, os caminhões à minha frente são duplicados e eu confundo caminhões reais e caminhões fantasmas. Chego afinal triunfante mas esgotado ao apartamento e, mal abri a porta, caio no chão. Edwige me arrasta pelos pés até o quarto.

Decidimos então vender o apartamento e começamos a explorar os cinco *arrondissements* centrais. Com o valor obtido na venda, eu poderia facilmente conseguir um empréstimo bancário. Infelizmente, os preços vinham aumentando constantemente. Nós encontramos apartamentos que nos agradam muito, mas fora das nossas possibilidades, um deles perto da rue Saint-Honoré, bem perto da pracinha tão cheia de vida e bem abastecida, outro que Edwige adorou, no último andar de um prédio da rue Montmartre, naturalmente muito interessante; mas à parte esse apartamento o prédio era exclusivamente de escritórios, que ficavam vazios após o fim da tarde, e, como esse trecho da rue

Montmartre era deserto à noite e eu viajava frequentemente, receei que nas minhas ausências a solidão de Edwige nesse abandono noturno fosse perigosa. Edwige chorou quando tivemos de desistir. Outro que nos atraiu ficava na rue des Tournelles, perto da sinagoga, dando para um pátio arborizado, mas era muito acanhado. Outro ainda, num conjunto reformado perto da rue Mouffetard, nos seduziu, mas era caro demais para mim. Autêntico pássaro em busca do galho onde construir seu ninho, Edwige acabou descobrindo um apartamento na esquina da rue des Arquebusiers com a rue Saint-Claude.

*

Antes disso, eu tinha vivido a campanha presidencial de 1981. Participara de um "complô" abortado para a escolha de Rocard como candidato. Jean Daniel tinha reunido ao redor de Michel Rocard, para um almoço na île de la Cité, Edmond Maire, diretor da CFDT,* e Mendès France, convidando-me também a participar. Esperava que Maire e Mendès France tomassem partido abertamente pelo deputado-prefeito de Conflans-Sainte-Honorine, mas Maire nos advertiu de que suas responsabilidades sindicais o impediam de se envolver na campanha, e Mendès France, embora não gostasse muito de Mitterrand, não apreciava Rocard. Na época, este é visto por alguns não tanto como o líder de uma nova esquerda, mas como representante de uma corrente social-cristã demasiado tímida. O complô fracassou.

Cabe lembrar que na época o Partido Socialista tornou-se declaradamente anticapitalista, usando uma linguagem revolucionária. No Congresso socialista de janeiro de 1981, Fabius, Chevènement, Jospin e outros fazem diversas acusações a Rocard, e Mitterrand, durante muitos

---

* Confederação Francesa Democrática do Trabalho, uma das principais federações sindicais do país. (N. T.)

anos considerado um imprestável, é aclamado no dia 24 candidato socialista na eleição presidencial.

A televisão tornou-se onipresente e decisiva, e a campanha culmina com um duelo ao vivo entre Giscard e Mitterrand. Mitterrand vem a ser eleito tanto por rejeição a Giscard quanto por entusiasmo popular por ele. Esse entusiasmo explode na Bastilha na noite da eleição. Eu estou no *Nouvel Observateur* para o anúncio dos resultados, e, quando as telas e as vozes anunciam a eleição do candidato da esquerda unida, é um delírio. Jean Duvignaud, ao meu lado, cai nos meus braços; Gilles Martinet me sussurra: "Amarremos os cintos!" Embora tivesse estimado muito Mitterrand durante a Resistência (e viria a defendê-lo quando ele é atacado por alguns, após a publicação do livro de Péan, *Une jeunesse française*), eu pessoalmente me abstive.

Em 1967, quando ele concorreu contra De Gaulle, eu escrevera para *Le Monde* um artigo no qual explicava por que não votaria em nenhum dos dois: De Gaulle, por ser candidato da direita; Mitterrand, por ser candidato da velha esquerda. Desde a época de *Arguments* e depois dos acontecimentos de 1958 e 1968, eu me convenci de que seria necessária uma regeneração, pressupondo ao mesmo tempo a volta às fontes vivas da inspiração socialista, comunista e libertária e um novo pensamento "para sair do século XX". Juntamente com Jacques Robin, propusemos várias vezes ao PS seminários nos quais apresentaríamos nossas novas propostas, mas não despertamos o menor interesse. O Partido Socialista perdeu o fôlego, esterilizou-se. O núcleo do pensamento comunista continua sendo leninista-stalinista. O programa comum* é, no comentário em particular de Jean Daniel, "um amontoado de bobagens". Eu temo, além do mais, que, como no passado, o Partido Comunista é que venha a sufocar o Partido Socialista num "beijo da morte". Nessa

---

* Estratégia política de reforma das instituições e conquista do poder firmada em 1972 entre socialistas, comunistas e radicais de esquerda. (N. T.)

questão, eu me enganei: o beijo da morte foi dado por Mitterrand num Partido Comunista em declínio. Ao mesmo tempo que adotava a concepção de classe dos comunistas e seu programa de nacionalizações, ele acabaria por sufocá-los roubando sua linguagem e mesmo sua logomaquia. A capitulação ideológica permite um sucesso político.

De qualquer maneira, naquela noite de vitória, eu não vou à Bastilha participar da comemoração popular.

Os dois primeiros anos do poder socialista reforçam minha desconfiança. É bem verdade que eu aprovo plenamente a abolição da pena de morte, as primeiras medidas sociais e antidiscriminatórias. Sou favorável à descentralização iniciada por Gaston Defferre. Mas duvido da virtude das nacionalizações e, sobretudo, contesto o discurso de Cancún em 1981, de fato eloquente quanto à liberdade e à emancipação dos *latinos*, mas um discurso caolho, ignorando completamente os milhões de oprimidos na União Soviética e nas outras democracias populares. A esse respeito, publico uma série de três ou quatro artigos críticos em *Libération*, sob o título "O rosa e o negro" (publicados numa coletânea em 1984 pela Galilée). Em 1983, contudo, vem a virada não só do rigor econômico, mas também da volta à economia liberal. O detestado capitalismo é reabilitado e honrado sob o nome de "espírito de iniciativa". A complacência em relação ao Leste transforma-se em firmeza: Mitterrand apoia a implantação dos mísseis Pershing nas fronteiras da Cortina de Ferro, não obstante os protestos do Movimento da Paz (enfeudado ao Partido Comunista): "Os pacifistas estão no Oeste, mas os mísseis estão no Leste", declara o chefe de Estado. O jovem Fabius é nomeado primeiro-ministro em julho de 1984. O governo do país é reformulado, enquanto eu e Edwige nos mudamos.

Meu pai desejava que o presidente da República me conferisse a Legião de Honra. Eu a solicitei, temendo uma recusa, mas Mitterrand aceitou, fazendo a meu respeito um discurso amável e elogioso. Para dizer a verdade, apesar de distante do político, nunca deixei de estimar

MINHA PARIS, MINHA MEMÓRIA

e gostar do valoroso resistente que conhecera. Fui assim um dos raríssimos a assumir firmemente sua defesa quando ele foi atacado depois do livro de Péan,[1] inclusive por colaboradores e bajuladores. Talvez exagerando, viria a dizer-lhe posteriormente: "Eu fui o seu Bastogne."* Houve anteriormente, quando se preparava a primeira guerra do Golfo, um jantar amistoso. Convidado com Danielle, sua cunhada e seu cunhado à casa de Georges Kiejman, ele me disse: "Você é o mais antigo dos que me são próximos nesta mesa." Depois, no café, acariciando-me o braço, ele me confidenciou que não podia deixar de apoiar os Estados Unidos. E eu lhe disse: "Proponha objetivos de paz! Não apenas a liberação do Kuwait, mas uma conferência global sobre o Oriente Médio, para finalmente resolver o problema israelo-palestino." Dias depois da sua morte, eu escrevi o artigo "O segundo esposo da França".[2]

---

[1] *Une jeunesse française*, Pierre Péan, Fayard, 1994.
* Importante batalha em que os americanos repeliram um cerco alemão na cidade homônima da Bélgica no fim da Segunda Guerra Mundial, em dezembro de 1944. (N. T.)
[2] *Libération*, 11 de janeiro de 1996.

IX

De volta ao Marais

1984-2009

A rue des Arquebusiers é uma tranquila ruela em curva que parte do número 89 do boulevard de Beaumarchais e vai até o 3 da rue Saint-Claude. Ao anoitecer, senhores de certa idade passeiam por ali com seus cães. Durante nossa estada, um conjunto habitacional de estilo duvidoso foi construído no número 7, e se abriu uma pequena praça, além dos prédios recentes, entre uma bela mansão do século XVII, na rue de Turenne, e outra do século XVIII. Um hotel de luxo, preservando a antiga fachada do número 3 da rua, teve seu interior reformado em estilo moderno.

Num pequeno prédio do século XVIII na esquina da rue Saint-Claude, ao lado do Hotel Cagliostro, nosso apartamento do número 11 da rue des Arquebusiers, reformado por um arquiteto, tem dois níveis: uma sala de estar e uma quitinete no primeiro andar, um quarto e um pequeno escritório no segundo. A vista externa é um pouco sombria, mas a vista interna, que dá para as traves aparentes, é agradável. Nós nos mudamos para lá em 1984.

Logo depois da mudança, meu primo Sam me telefona de La Turbie para dizer que meu pai acaba de ser internado no hospital. Depois de um copioso jantar festivo regado a vinho na casa de Daisy, filha de Corinne, com quem se casou, e de seu marido Sam, meu pai levantou-se durante a noite e caiu, não conseguindo se reerguer. Edwige e eu imediatamente vamos para Monte Carlo. Eu deixo Edwige na casa dos pais, que alugaram um apartamento na colina de Villefranche-sur-Mer, e acorro ao hospital. O corpo de 90 anos de meu pai ainda estava em pleno vigor, foi o computador cerebral que falhou; o rosto mudou, a voz ficou cavernosa. Perto da cama, um aparelho de televisão transmite um jogo de futebol. Ele diz com a mesma voz cavernosa: "Eu também vou ver televisão quando voltar para casa." Nossas mãos se cruzam. Não sei se foi nesse dia ou no dia seguinte, mas, ao vê-lo respirar com mais dificuldade, eu vou para a sala de espera, onde está Corinne. Sam chega precipitadamente: "Venha depressa, seu pai está morrendo!" Eu acorro à sua cama; ele expirou. Uma enfermeira cerra seus olhos e me entrega sua aliança. Eu a levo para Corinne, que cai em soluços.

Meu pai queria que seu corpo fosse usado pela medicina. Na verdade, ele estava "farto das irmãs Beressi" (minha mãe e minha tia Corinne, suas duas esposas) e não queria voltar a encontrá-las no túmulo. Eu não suportava a ideia de que aquele velho corpo fosse dissecado sem poder doar qualquer órgão em funcionamento a alguém e decidi proporcionar-lhe um enterro religioso. Ele teve uma sepultura provisória no belo cemitério de Monte Carlo, de onde se descortinava o mar antes que fosse ocultado por prédios altos. Eu tive de tragar uma ou duas cerimônias de sinagoga.

Edwige e eu passamos o verão com seus pais em Villefrance e depois voltamos para a rue des Arquebusiers, onde tive meses mais tarde um sonho de fim de luto: estava vivendo dentro do túmulo do meu pai, em cima do seu caixão; ouvi-o dizer: "Agora volte para casa, querido!" Eu me levantava, erguia a laje, e ele ainda advertia: "Não esqueça sua pasta!" Eu apanhava minha pasta e saía para a bela luminosidade do Père-Lachaise.

*

Depois da morte do meu pai é que começamos realmente a nos instalar no apartamento. Fizemos amizade com nosso vizinho de andar, um simpático belga. No último andar, um sujeito cortês, Gérard Lehmann, apaixonado pela música, frequentador dos grandes concertos, mostrou-se muito amistoso conosco. No térreo, de um lado, um casal de martiniquenses funcionava mais ou menos como concierges num pequeno alojamento sombrio; do outro, o restaurante Les Arquebusiers continuava dando testemunho da civilização de 1968: motoqueiros, anarquistas e inclassificáveis continuavam a frequentá-lo e continuariam a fazê-lo ainda por algum tempo. Mais tarde, tendo transferido seu contrato de aluguel, a locadora seria substituída por Christophe, um amável colosso. O restaurante nos agrada muito, tornando-se nossa cantina pessoal; acertamos as contas no fim do mês e convidamos amigos.

Para dizer a verdade, esse restaurante desde o início inspirara repulsa a Gérard Lehmann, que gostaria de ver no seu lugar um antiquário. Convencido ou fingindo-se de convencido de que nele se fumava maconha e se consumiam drogas, ele fazia seguidas denúncias à polícia, que, depois de várias incursões infrutíferas, acabara por não atender mais a seus apelos. A chaminé do restaurante passava por trás de uma parede do seu apartamento, e ele acabou encontrando uma fissura que lhe deu o pretexto desejado para obrigar o restaurante a fechar: através de um advogado, ele exigiu que a cozinha e a grelha fossem desativadas. Edwige e eu tomamos a defesa de Christophe, o que transformou a amizade de Gérard em ódio por nós. O bonzinho tornou-se então odioso. O escritor admirado que eu era transformou-se aos seus olhos num ser ignóbil. Ele nos fazia caretas na rua, e nós devolvíamos. O *restaurateur* Christophe foi em frente, mas, forçado a usar apenas fornos de micro-ondas, sua cozinha perdeu o interesse e a variedade, embora nós continuássemos fiéis.

Esse episódio contribuiu para aumentar nosso desejo de mudar de residência. Começamos a achar a nossa cada vez mais sombria, cada vez menos confortável; em suma, inabitável.

Única presença que a alegrava havia já dois anos: uma filha deliciosa, uma gatinha branca que chamávamos de Herminette. Na época, Edwige não tinha mais um cão. Seu Justin quisera me devorar no leito conjugal e ela se conformara a entregá-lo à irmã, que, sendo gêmea, adorava Justin. Passáramos um período sem animal. Ainda meninota, Edwige tivera uma gata que fora expulsa por sua mãe, e desde então só sentia ternura por cães. Acontece que um dia estou na casa de uma amiga que é visitada por outra acompanhada de uma gata e uma ninhada de quatro gatinhos. Eles estão encaracolados numa extremidade do compartimento, e eu, na outra. Eles não se mexem. Mas de repente um dos gatinhos, todo branco, atravessa a peça, salta nos meus joelhos e fica me encarando com seus olhos azuis. "Ele o escolheu, ele o escolheu!", dizem em coro as amigas. "Mas eu não quero um gato!..." Ao me despedir, contudo, acabo dizendo: "Vou levá-lo." As amigas preparam para mim uma caixa de cartolina e a enchem de furos. Está chovendo. Eu acomodo nela o bichano, que emite um fraco "mi". Na rua, procuro proteger a caixa das gotas, encontro um táxi e, chegando em casa, abro-a ante o olhar aparvalhado de Edwige.

No dia seguinte, devo viajar para Barcelona. Sozinha em casa, Edwige compra leite para o gatinho órfão, prepara cesto, leito, tigela. Nasce um grande amor entre Edwige e Herminette. Cheguei à conclusão de que o bichano, dotado de telepatia, desde o primeiro momento buscava Edwige através de mim.

Nos primeiros tempos, Herminette dorme debaixo dos lençóis, aos nossos pés. Mas provavelmente toma nossos dedos por pequenos animais, pois os mordisca constantemente. Com os pés doloridos, Edwige me diz que teremos de nos separar dela. No dia seguinte a essas palavras irritadas, Herminette deixa de atacar nossos dedos dos pés, mas, exuberante, salta sobre nós ao amanhecer para exigir seu desjejum. Nós não a mantínhamos mais no quarto ao dormir. Noite e dia, víamos sua patinha se mexendo por baixo da porta. Assim que me levantava, eu a abria e Herminette saltava sobre a cama para lamber a dona. Isto durou até a morte de Edwige.

A vizinha belga tinha um gato ruivo que de vez em quando levava para visitar Herminette, até o dia em que o sádico do gato mordeu cruelmente nossa "filha". Pusemos fim àquele convívio sem civilidade.

De outra feita, Herminette parecia ter desaparecido. Na verdade, tinha-se introduzido no cano cheio de fuligem da nossa lareira. Conseguimos retirar com dificuldade uma gatinha negra como um mineiro.

*

Foi durante nosso período na Arquebusiers que vivenciamos os acontecimentos prodigiosos, tão inesperados, de tal maneira o sistema parecia congelado por toda a eternidade, que levaram à implosão da União Soviética. Apaixonado pelas erupções da História em que um mundo de opressão se desfaz, como pudera presenciar em agosto de 1944 em Paris e, depois, por procuração, durante o outubro polonês e a Revolução Húngara, e finalmente *in loco* em Lisboa em 1973, durante a Revolução dos Cravos, eu fui em 1988 e 89, atendendo a convites, a Moscou e Leningrado (que voltara a ser São Petersburgo). Vivi com enorme alegria a queda do Muro de Berlim. Tenho então o sentimento de que uma nova aurora surge no planeta, de assistir a um novo início. Num artigo escrito para comemorar o centenário da Revolução Francesa, eu declaro em *Le Monde* que 1789 venceu 1917.

Também na China, a era Mao chegou ao fim, segundo posso constatar pessoalmente durante minha viagem de 1991. Mas se o polvo dos totalitarismos do século XX morreu, eis que renascem mil outros, os polvos dos fanatismos étnico-nacionalista-religiosos, e isso no próprio coração da Europa, com o desmembramento da URSS e sobretudo a guerra da Iugoslávia, que tem início em 1990 e só terminaria em 1995, depois de frenesis de infâmia principalmente sérvios e croatas. Em vez de angelizar a Croácia demonizando a Sérvia, mostro de que maneira a ascensão dos dois nacionalismos, no vazio deixado pelo comunismo titista, é o motor dessa guerra. Logo no início, eu fizera uma viagem a Belgrado, e o primeiro-ministro de Milosevic me convencera das intenções pacíficas sérvias. Mas eu me desiludi, e a agressão contra a Bósnia muçulmana gerou em mim um posicionamento radical. Um avião militar me levou, na companhia da reitora da Universidade de Paris, Michèle Gendreau-Massaloux, a Sarajevo sitiada, para uma saudação aos intelectuais e universitários da Bósnia.[1]

A Iugoslávia era uma micro-Europa, com seu Oriente herdeiro de Bizâncio, depois conquistado pelos otomanos, seu Ocidente herdeiro de Roma, posteriormente integrado ao Império Austro-Húngaro, e um Sul bósnio, em grande parte muçulmano. Essa nação, que quase parecia ter concluído sua integração no modelo federal, é desintegrada de dentro pelos nacionalismos étnico-religiosos e de fora pelo reconhecimento apressado da Alemanha à independência croata e a impotência contemporizadora da França. Eu me tornara europeu depois da crise do petróleo de 1973 e após a independência obtida ou conquistada das antigas nações colonizadas. A Europa não era mais imperialista, tornara-se frágil, ameaçada. Meu livro *Pensar a Europa* é escrito em 1987 por instigação de Edwy Plenel. Passo então a defender tudo que a meus olhos contribua para o progresso da construção europeia — até perder a esperança. Eu pressenti que o desmantelamento da Iugoslávia tornava impensável e impossível a Europa federativa que desejava. Mais tarde, entendi que não se podia mais esperar da Europa um renascimento político e cultural, e comecei a projetar minhas esperanças na América Latina.

---

[1] Esse discurso, assim como meus demais artigos sobre o conflito, pode ser encontrado na coletânea a que dei o título de *Os Fratricidas*.

MINHA PARIS, MINHA MEMÓRIA

*

Na França, como Laurent Fabius falasse da necessidade de um "grande projeto", eu proponho o que ele poderia vir a ser, na minha opinião, uma série de artigos publicados em *Le Monde*. Mais tarde, quando Rocard se torna primeiro-ministro (maio de 1988-91), eu lhe apresento, entre outras, minha ideia das "Casas de Solidariedade".

Nessa época, não consigo concretizar um projeto que poderia propiciar algo de magnífico a Paris. Jean Schuster, que foi, antes de mais nada, um discípulo de André Breton, acreditava que com as obras, objetos, quadros etc., de que ainda dispunha a viúva de Breton, além de numerosos outros elementos, seria possível criar em Paris não um museu, mas um "Palácio do Surrealismo", para expressar seu espírito poético, seu pensamento criador, sua força imaginativa. A ideia pareceu-me genial, e eu a apresentei a Mitterrand. Ele nos encaminhou a Laure Adler, na época sua assessora cultural. Fomos então ao gabinete de minha amiga Laure, mas Schuster cometeu o erro de pedir, antes de mais nada, o restabelecimento de uma subvenção que deixara de ser concedida a uma *Lettre surréaliste* que ele publicava periodicamente. Essa pequena solicitação eclipsou a grande, tanto mais que o surrealismo de modo algum tinha lugar na cultura de Mitterrand, antes admirador de escritores tradicionais como Jacques Chardonne. Recebemos a adesão calorosa de Michel Deguy, eu escrevi um artigo em *Le Monde* intitulado "Por um Palácio do Surrealismo" — em vão. A coleção de Breton foi dispersa em salas de leilão. Paris não ganhou um palácio para receber o que a cultura francesa conheceu de mais criativo e original no século XX.

*

Edwige encontrou a cem metros de nossa casa um grande apartamento de cento e sessenta metros quadrados no último andar de um prédio do início do século, mas reformado e modernizado por um empreiteiro. Um elevador foi instalado no edifício, os apartamentos contam com aquecimento central a gás (as lareiras dos salões foram eliminadas, assim como as despensas das cozinhas). Em sua maioria, os modestos inquilinos antigos tiveram de sair, à parte alguns que resistiram e mantiveram seu apartamento no estado em que se encontrava. Entre eles, a Sra. Lachenz. Os diversos apartamentos do quinto andar foram reunidos num só grande apartamento, habitado durante certo tempo por um parente do empreiteiro. Esse apartamento está vago; é claro, tem uma varanda, mas está além das minhas possibilidades financeiras. Recorri então a meu editor na Seuil, Claude Cherki, pedindo-lhe adiantamentos relativos a um futuro *Manual para escolares, professores e cidadãos*, além de vários tomos de diários inéditos. O adiantamento é substancial, exatamente como eu desejava. Com o valor da venda do imóvel da rue des Arquebusiers, somado a um empréstimo bancário, posso comprar esse novo apartamento.

Apesar de andarilho, errante, viajante, eu sou ao mesmo tempo caseiro: não gosto de sair da minha *querencia*, da minha cadeira, do meu escritório. "Precisei pescar minha birrogilha com um alfinete", diz Edwige a uma amiga.

No caso em questão, não se trata apenas de mudar. Edwige quis reformar a cozinha, derrubar uma parede, levantar outra, instalar novos equipamentos. Antes de concluída a obra, ela é acometida de suas crises de asma e tem de ser hospitalizada. Em sua ausência, Sylvie, companheira de Sami Naïr, profundamente afetuosa e dedicada, apresenta as diretrizes ao mestre de obras para concluir as instalações culinárias.

Depois da volta de Edwige do hospital e de mil e uma peripécias domésticas ligadas a uma caldeira defeituosa, a uma chaminé rachada e a vazamentos d'água, eis-nos finalmente instalados. Havia três prédios geminados no número 7 da rue Saint-Claude: A, B e C. Nós moramos no B. Edwige torna-se muito próxima da Sra. Lachenz, nós temos um bom relacionamento com o vizinho diretor de escola e sua mulher, e, no prédio C, com Nicole Lecorre, verdadeira gazeta do bairro. Eu desenvolvo uma relação afetuosa com a porteira portuguesa, Isabel Pires, que nos traz o correio à porta de casa, raro privilégio que se tornou um luxo. Os moradores são muito heterogêneos, representam diversas categorias de classe média, com uma mistura de gente fina e criadores de caso, como constato nas reuniões de condomínio, nas quais morro de tédio, mas que permitem a Edwige, dedicada, tendo acompanhado todas as questões e tomando notas, intervir com pertinência.

Em sua irresistível pulsão de construtora de ninhos, Edwige não teve descanso na arrumação do nosso apartamento na rue Saint-Claude, com a dedicada ajuda de Maria Neves. Maria é uma jovem portuguesa que veio estudar em Paris e precisou encontrar trabalho como arrumadeira. Surge uma grande afeição entre ela e Edwige, que trata de encontrar um cirurgião quando a jovem precisa fazer uma operação nas orelhas. Edwige mostra-se toda solicitude; Maria, toda dedicação. Como Edwige deseja que Herminette tenha uma amiga, Maria consegue que seus pais, camponeses em Trás-os-Montes, nos mandem a pequena Mixa, linda e elegante siamesa de olhos de um azul profundo. Ela chega perfeitamente tranquila a Paris num caminhão vindo diretamente de Trás-os-Montes. Herminette e Mixa se olham fixamente durante uma boa meia hora. Depois, hospitaleira, Herminette dá os primeiros passos, e as duas gatas se farejam cordialmente. Em seguida, Mixa corre para a varanda para tentar voltar ao seu Portugal. Mas fica bem decepcionada ao se deparar com a grade. Certamente vai se adaptar, mas essa filha do campo, sempre ao ar livre, lambendo o fundo das panelas, livre e feliz lá longe, sente saudade do seu país. Eu entendo e compartilho sua nostalgia, sua melancolia quando ela fica imóvel ou sonolenta. Só no parque ajardinado da casa de campo de Hodenc é que ela ganha vida novamente.

Ao chegarmos, a rue Saint-Claude está cheia de atacadistas de roupas provenientes da rue de Turenne, o seu reduto. Os cafés e mercearias desapareceram, exceto Les Arquebusiers. Mas a praça des Vosges e a rue de Bretagne são oásis de vida. Ao ser fechado em 1994 o mercado des Enfants-Rouges, seus comerciantes se instalaram na rue de Bretagne, e, quando ele foi reaberto, apareceram fornecedores que fazem a minha alegria e o meu prazer: uma loja de produtos "naturais" do ex-*pied-noir* Wagner, com sua mulher marroquina e todo um plantel de irmãs, me fornece frutas e legumes; os maravilhosos tomates *cœur de bœuf* que surgiram num determinado verão, o alho fresco de primavera, os iogurtes de ovelha, o *boulgour*. Um italiano, Gobetti, que faz a sua *melanzana alla parmigiana*, vende *mozzarella di bufala*, *pecorino* da Sardenha e presunto bem ao meu gosto, ora *san daniele*, ora de Parma. Há o vendedor de pães e crepes, sempre jovial, com quem comentamos os acontecimentos. Há o restaurante que oferece frango orgânico. Há o libanês onde eu me abasteço de berinjela ao gergelim e de *homus*, alternando com meu amigo grego da rue de Bretagne para o caviar de berinjela e o feijão *piaki* (que como às escondidas de Edwige, que os considera causadores de gases). Há o leiteiro que gosta de filosofar e que me fornece queijo de cabra e roquefort. Há o marroquino com seu cuscuz, sua linguiça merguez, sua pastilla, onde eu bebo chá de menta. Há o peixeiro onde eu compro para Edwige uma perca selvagem ou uma posta de linguado e a quem encomendo ovas de peixe quando estão na época. Mais tarde, chegaram as "formigas" japonesas, sempre hiperativas, e que não se limitam aos sushis; e martiniquesas que vendem bolinhos *accras*. Todos esses estandes instalaram mesas e cadeiras, e aos sábados e domingos pela manhã, quando o mercado está muito animado, todos os assentos são ocupados e se come italiano aqui, orgânico ali, mais adiante marroquino, libanês, japonês, antilhense. Há uma florista indonésia de quem compro as rosas vermelhas apreciadas por Edwige e, quando estão na época, peônias. Na rue de Bretagne, eu me afeiçoei a um açougueiro truculento, apreciador de comentários espirituosos, que logo se aposentaria, sendo substituído por outros mais convencionais; compro com

MINHA PARIS, MINHA MEMÓRIA

ele contrafilé, costeleta de cordeiro, fígado de vitela e às vezes chouriço, mas desde que fiquei sem Edwige fui aos poucos reduzindo o consumo de carne. No merceeiro ex-italiano Ramella, eu encontro *pata negra* por ele cortada na faca, fatias de berinjela frita, às vezes *koulibiak*, alho-poró ao vinagrete. Vou eventualmente ao vendedor de queijos mal-encarado que não me suporta, mas que tem uma grande variedade de queijos de cabra, entre eles o *manchego*. Um pouco adiante, na rue Debelleyme, encontra-se a Bio Moi, loja onde faço grandes encomendas a serem entregues em casa. Meu carrinho de feira está sempre mais que cheio, eu resisto mal às vontades, sempre compro em excesso. Raramente compro vinho, pois me abasteço diretamente de beaujolais com a família Chermette e de pessac-léognan no Château de France do Sr. Thomassin.

Finalmente, bem perto do mercado, instalou-se com sucesso a livraria Comme un Roman, com grande variedade de oferta. A dona é uma escritora que eu conheci em Sarajevo. Até a publicação do meu livro, *O mundo moderno e a questão judaica*, eu fazia o lançamento de cada um dos meus livros na sua livraria para um simpático público local. Mas tudo indica que uma forte pressão integralista judaico-israelense a levou a abrir mão dos meus eventos.

Grande é a animação na rua, ao redor do mercado, no interior do mercado, nas manhãs de sábado e domingo. Lá encontro Lena Baratier, ardorosa militante pela volta dos Enfants Rouges, de uma dedicação sem igual. Encontro também Pialoux, que dirigia o Instituto Francês em Valência e que mora num sétimo andar no bairro. Nos últimos anos, encontrava Ève Moreau, que me apresentou a uma curandeira berbere que salvou Edwige quando já agonizava. Às vezes, o administrador de *arrondissement* Aidenbaum passeia em meio aos seus fiéis.

Nas portas do mercado, militantes distribuem panfletos socialistas, comunistas, trotskistas, panfletos que se multiplicam em época eleitoral. O café-restaurante Le Progrès, em cujo primeiro andar se realizam reuniões de militantes de esquerda, é muito frequentado, e nós apreciamos sua cozinha simples e saborosa. À noite, vamos com amigos ao café-restaurante Des Musées, na esquina da rue de Turenne. Nas manhãs de sábado ou domingo, quando vou ao Enfants-Rouges, nós gostamos, quando faz sol, de passear na praça des Vosges.

Nos últimos anos da década de 1990 e nos primeiros anos do novo século, os atacadistas da rue Saint-Claude foram aos poucos substituídos por galerias de arte: arte abstrata, *bizar art, bazar art, shit art*, nada disso torna essas vitrines muito atraentes para mim! Na época dos atacadistas, caminhões carregavam e descarregavam em massa tecidos em bobinas e roupas em cabides. Eles eram barulhentos, mas davam um pouco de vida ao lugar. Agora a rua é quase morta, especialmente a partir das 18 horas. O café da esquina da rue de Turenne fecha, assim como as galerias. Esse deserto facilita de vez em quando uma agressão contra alguma mulher sozinha. Entre a rue Saint-Claude e a rue de Bretagne, a rue de Turenne também fica deserta à noite, mas os bistrôs e restaurantes da rue de Bretagne são cada vez mais frequentados, à noite, pela juventude do bairro.

A inauguração de um Franprix na esquina da rue Saint-Claude com o boulevard Beaumarchais expulsou o meu simpático marroquino d'Agadir, que mantinha uma loja no início da rue du Pont-aux-Choux. Ele nos mostrava seus gêmeos, Rachid e Rachida, e Edwige lhes dava brinquedos. Os bons vendedores de quinquilharias, o Sr. e a Sra. Guillaume, resistiram até a doença do marido. Eu admirava o seu estoque: "Vocês têm tudo, Sr. Guillaume, parecem um pequeno Bazar de l'Hôtel de Ville!" Ele fazia a conta à mão, e, chegando ao total, me dava um pequeno desconto. Gostávamos de conversar um pouco de tudo. Seu filho fora secretário de Jean-Edern Hallier e me dera seu livro, dedicado ao personagem que por sinal eu conhecera.

E de fato Hallier me convidara certa vez ao Balzar. Ele estaciona seu carro conversível na calçada da praça, bem debaixo do nariz de Auguste Comte, nós entramos na sala: nenhuma mesa livre. Eu vejo o poeta russo dissidente Voznessenski acompanhado de uma pessoa e vou abraçá-lo. O poeta, que talvez tenha bebido um pouco, me diz com o cantante sotaque eslavo: "Largue esse cretino e sente--se conosco!" Eu fico com Jean-Edern e nós acabamos encontrando uma mesa. "Quem é?", pergunta-me ele. Eu o informo. Como ouvira nosso diálogo, ele resmunga: "Ah, melhor seria que essa gente ficasse no seu país!" Depois me pergunta, tratando ele mesmo de responder: "Que acha da Europa? Haaaaaaaa (enorme bocejo forçado), é de um tédio mortal!" Ele me convida a escrever um livro em seu castelo na Bretanha; eu declino, polidamente. Jean-Edern era completamente louco, inescrupuloso, um fanfarrão, podia ser de uma maldade revoltante, mas era um escritor. Lembro-me também de que esse jovem ricaço contestador, ao ler o meu *Diário da Califórnia*, no qual eu me mostrava extasiado por dispor de três banheiros na minha mansão, escrevera: "Morin, você me dá nojo!"

Após o fechamento da loja de quinquilharias, restavam o *traiteur* Arrault, do outro lado do boulevard Beaumarchais e, na rue Froissart, uma lojinha argelina. Como a região ficava deserta, desejávamos agora mudar de bairro, sonhando com a rue des Abbesses, onde mora meu amigo Guy de La Chevalerie, mas Edwige já está com muitos problemas de saúde para que pensemos numa mudança.

Enquanto algumas áreas perdem completamente a vida, outras se animam. A rue Oberkampf é tomada por bistrôs e pequenos restaurantes para a juventude descolada e *bobo*.* A Bastilha continua sendo uma praça muito animada, e uma nova vida toma conta da região além da rue de Lappe, na rue de Charonne e na rue du Faubourg-Saint-Antoine, onde *lofts* e ateliês são ocupados por uma nova população juvenil, com um novo estilo de cafés e restaurantes. Em compensação, o artesanato de

---

* *Bourgeois bohème.* (N. T.)

móveis está em vias de desaparecer, ao mesmo tempo em que perduram as vitrines de mobiliário industrializado. Recantos de Paris se apagam enquanto outros ganham nova vida.

*

Nesses anos do fim de século, eu me volto cada vez mais para os problemas fundamentais e globais da humanidade. É bem verdade que assisto com Edwige a novelas de televisão e também acompanho apaixonadamente as Copas do Mundo de futebol de 1998, 2002, 2006; mas fiquei fascinado com os mistérios da história cósmica, que desde a detecção dos traços de uma "energia negra" parece dar sinais de uma dispersão e da morte do Universo. Michel Cassé, o astrofísico-poeta, e eu produzimos um livro dialogado, *Os filhos do céu* (2003). Em 1990, eu já escrevera *Terra pátria*, com a colaboração de Anne Brigitte Kern. Escrevo meus capítulos para um livro em comum com Sami Naïr; o título de um deles, "Política de civilização", voltaria a ser objeto de comentários quando Sarkozy faz uso dele como um de seus "elementos de linguagem". Eu considero cada vez mais que a nave espacial "Terra" está correndo para o abismo — salvo se encontrar um novo rumo: e por sinal é exatamente por isso que eu escreveria *O caminho*, em 2010.

O acontecimento feliz da década de 1990 é o fim do apartheid e a eleição de Nelson Mandela para a presidência da África do Sul (1994). Num momento em que as pressões étnico-religiosas e neonacionalistas tendem a desmembrar nações heterogêneas, especialmente as mais recentes, nascidas da descolonização, o pensamento humanista de Mandela, derivado do marxismo, consegue evitar a separação racial em duas nações inimigas. O acontecimento infeliz é o assassinato de Yitzhak Rabin em 1995: esse crime não só impediria qualquer solução justa do conflito israel-palestino como agravaria a colonização dos territórios ocupados, espalhando pelo planeta a metástase do ódio antiárabe, anti-judeu e antiocidental.

Os primeiros efeitos desastrosos da industrialização da criação de animais se manifesta na Inglaterra e no resto da Europa com a epidemia da vaca louca (1996). A biologia avança na manipulação genética, com a primeira clonagem de uma ovelha em 1997.

O euro parece representar um progresso decisivo na edificação da Europa (1º de janeiro de 1999). Mas seu estabelecimento sem unidade econômica nem um sistema fiscal comum mostraria sua vulnerabilidade, que viria à plena luz do dia em 2010.

Enquanto isso, a web deslancha; surgem sucessivamente a ADSL, o Wi-Fi, os computadores leves, como o meu Mac Air. Nos e-mails é que viriam a se concentrar minhas relações amorosas, de amizade, de trabalho. Eu sou um nômade imóvel que navega em sua relação ininterrupta com os mundos próximo e distante. O telefone celular transforma-se numa avalanche na década de 2000. O imediato tornou-se natural, permite que os namorados se comuniquem por telefone, e-mail ou Skype num instante, de San Francisco a Xangai. Internet, e-mail, Google, tudo se comunica, e no entanto não se chega a uma melhor compreensão recíproca. Tudo mudou e nada mudou.

Os riscos aumentam. Israel tem a arma nuclear; a Índia e Paquistão constroem as suas em 1998 e o Irã tenta produzir a *na década* seguinte. O conflito de Kosovo leva à intervenção *Otan (mas* sobretudo dos Estados Unidos) contra a Sérvia (1 *Nesse mesmo* ano, os distúrbios de Detroit assistem ao nasci *de um projeto* de nova globalização, resumido na frase de *O mundo não* é uma mercadoria!"

Jacques-Francis Rolland e eu muita *inhamos desejado, na* década anterior, chegar ao ano 2000 *O planeta come-* mora esfuziante o advento do no *Mas logo depois, a 11 de* setembro de 2001, as duas t *ld Trade Center, em Nova*

York, desabam em chamas sob o impacto de dois aviões de passageiros sequestrados pela Al-Qaeda. O presidente Bush entra em guerra no Afeganistão e depois, invocando pretextos mentirosos, ataca e conquista o Iraque de Saddam Hussein. Mais tarde eu perguntaria ao embaixador do Iraque na França se os maiores efeitos dessa guerra eram em sua opinião positivos ou negativos; ele me respondeu: "Ainda é cedo para saber."

Atentados cometidos pela Al-Qaeda proliferam através do mundo entre 2002 e 2005. Multiplicam-se guerras civis ou locais: Ruanda, Gaza, Darfur, Sri Lanka, Sudão, Geórgia...

A América de Bush, logo aprovada e acompanhada por Sarkozy (eleito em 2007), a China comunista-capitalista e a Rússia de Putin, parece senhora do nosso destino. À parte um acontecimento aparentemente providencial e de qualquer forma inesperado, a saber, a eleição de Barack Obama para a presidência dos Estados Unidos (a 4 de novembro de 2008), tudo se agrava, e não podemos deixar de constatar a impotência de Washington frente à intensificação da colonização da Cisjordânia por Israel. Depois da rejeição da Constituição europeia, em particular pela França, em 2005, nosso continente mergulha na crise econômica de 2008, que o conduz à impotência e à desunião.

A penúria alimentar mundial, agravada pela especulação com os alimentos básicos, gera surtos de fome em 2007, prelúdio da grande crise planetária de 2008, que ainda perdura e desemboca numa crise que se generaliza para toda a humanidade, com efeitos cada vez mais ameaçadores.

Eu não desligo a crise da antroposfera da crise da biosfera (e de resto a segunda econômicos da provocada pelos desdobramentos científicos/técnicos/ táveis formas de p). A diminuição da biodiversidade, as inconsequência da aurbanas e rurais, a degradação dos solos em generalização dos O industrializada, o abuso de pesticidas, a climático se combinarias regiões do mundo e o aquecimento gradar a biosfera. Tudo indica que

MINHA PARIS, MINHA MEMÓRIA

estamos correndo para o abismo e que, se possível e se ainda der tempo, é necessário mudar de caminho.

*

Antes mesmo da crise, a fase regressiva da França, que já mencionei, se acentuou, e a crise global vem intensificá-la ainda mais. Eu apoiei Ségolène Royal, depois examinei com curiosidade e perplexidade a política adotada nos primeiros passos ambivalentes de Sarkozy, eleito em 2007, até que seu alinhamento com os Estados Unidos de Bush e a Israel de Netanyahu e sua demagogia contra os imigrantes revelassem os piores aspectos desse personagem insólito e complexo. A fase culminante é alcançada quando esse meio-descendente de imigrante magiar e judeu de Salônica (como eu) ousa estigmatizar o povo milenariamente perseguido dos roms. Há muito tempo eu deixara de participar de manifestações. Dessa vez, vou protestar da République à Bastilha ao lado de Danielle Mitterrand.

Entre 1990 e 2004, eu encontrei energias para escrever os três últimos volumes de *O Método*, concluído ao fim de trinta anos de gestação. A proeza me rende algum sucesso na imprensa, mas o esforço intelectual nele traduzido passa despercebido.

Eu queria voltar a falar das consequências pedagógicas a que conduz o pensamento complexo e pensava em escrever o meu *Manual para escolares, professores e cidadãos*. E de fato consegui realizar e projeto, mas de maneira completamente diferente. Em 1998, ministro da Educação, Claude Allègre, me convida a presidir a comissão de reforma dos conteúdos do ensino secundário. Eu à frente de uma comissão heterogênea na qual as opiniões em em todos os sentidos. Proponho uma semana de jornadas com o objetivo de demonstrar que é possível estabelecer ví entre as formas de conhecimento. O representante do minist Dacunha-Castelle, me estimula a realizar essas jornadas. Com a ajuda de Nelson Vallejo, Alfredo Pena Vega e Christiane Peyron-Bonjan, eu me empenho nessas jornadas a traçar um fio de ligação de sessão a sessão. Faço minhas propostas de reforma num relatório final que permaneceria letra morta. Mas minhas ideias amadureceram, tornaram-se mais claras, e eu escrevo *A cabeça bem-feita* em 1999. Depois, Gustavo Lopez Ospina, da Unesco, pede-me um texto de alcance universal que eu escrevo com a colaboração de Nelson Vallejo: *Os sete saberes necessários para a educação do futuro*, amplamente traduzido através do mundo e levando aqui e ali a embriões de reformas. Eu estou cada vez mais convencido de que uma reforma do conhecimento e do pensamento, e portanto também da educação, é vital para permitir à humanidade encontrar uma nova via e se encaminhar por ela.

*

Ao longo desses mesmos anos, seres queridos deixam essa vida sem deixar meu coração, minha alma e meu espírito.

Dos meus colegas de liceu, Henri Alleg é o único sobrevivente, mas não voltamos a nos ver. Entre os companheiros do MNPGD, meu herói, Pierre Le Moigne, morreu em 1974, Mitterrand em 1996, Michel Cailliau em 2000; Dechartre está vivo. Entre os amigos dos movimentos de resistência, Pierre Hervé, Pierre Courtade, Marcel Degliame e Jean-Paul Vinant morreram, bravos que se tornaram aos olhos de todos, jovens menos jovens, quase desconhecidos.

Depois irmãos e irmãs que ganhei a partir de 1944 me deixaram. 1990: morte de Robert. 1994: morte de Johanne. 1996: morte de Marguerit 97: morte de Dionys. 1997: morte de Castoriadis. 1998: morte atrice Blank. 2003: morte de Violette. 2007: morte de Duvignaud. morte de Baudrillard. 2008: morte de Fejtö. 2008: morte de Fou s. 2008: morte de Jacques-Francis Rolland. 2010: morte de Axel morte de Vidal-Beneyto. 2010: morte de Claude

Lefort. Não lembro mais em que ano morreu Romuald de Jomaron. Se algumas amadas morreram — Marilu, depois Monique Antelme em 2012 —, Hélène Durbin continua viva.

Novas gerações deram-me afeto e amizade durante a aventura do pensamento complexo, e neste ano em que escrevo tenho a alegria de assistir ao florescimento de uma amizade das mais caras, a amizade de Jéjé. Desse modo, os mortos que me invadem e a morte que me invade são recalcados por vivos que entram em mim com sua vida cheia de ardor, de amor, de curiosidade e constantemente me reanimam, mas também pelo sentimento interno de uma "missão" a cumprir que eu confesso apesar dos risinhos que essa confissão pode provocar.

A morte que me arrasa é a de Edwige, depois de anos de operações, hospitalizações, sofrimentos, mas também de pausas, viagens, belos passeios, os últimos em Bellagio, no lago de Como, e na abadia de Saint-Jacut, na Bretanha.

Em seu túmulo, eu prometi não deixar o apartamento e cuidar de Herminette, já agora uma velha senhorita de alma sempre travessa, e Mixa. Eu não sentia necessidade de ir ao cemitério de Montparnasse, pois esse apartamento cheio de sua presença era o seu mausoléu. Eu espalhei por ele muitas de suas fotografias, sua presença impalpável era forte. Como diz o poeta Bertolucci: "*Assenza, più acuta presenza.*"

O amor viria mais uma vez transformar a minha vida: no festival de música sagrada de Fez, em 2009, eu encontrei alguém que me conhecia sem que eu a conhecesse e que já sabia termos um destino comum: a morte de seu pai, quando ela tinha 10 anos, e que a deixou inconsolável, a solidão da adolescência, sua militância num partido revolucionário cujo sectarismo lhe inspirou as mesmas dúvidas e a mesma rejeição que as que eu tinha vivenciado e relatado em *Autocrítica*, uma atividade de pesquisadora polidisciplinar.

Eu não podia levá-la a viver no ninho que Edwige havia preparado com tanto amor. Não podia deixá-la abolir tudo que era presença de

Edwige, permitindo-lhe reorganizar o apartamento segundo seu gosto. Decidi então vendê-lo.

No verão de 2010, Herminette, com mais de 20 anos, foi acometida de uma doença renal incurável. Em vez de submetê-la às injeções da Sra. Jaouen, excelente veterinária, e, embora soubesse que o desenlace fatal seria iminente, eu a trouxe para casa para que recebesse um tratamento paliativo com morfina. Certa manhã, ela começou a gemer sem parar. Levei-a ao consultório do Sra. Jaouen, que a adormeceu para sempre.

Um casal de compradores apareceu com seus filhos no outono. O que me fez bem, apesar da enorme tristeza de entregar meu apartamento àquelas pessoas simpáticas.

X

Em Montparnasse
2010

Não me resta o suficiente para comprar um apartamento, ainda que pequeno, num bairro que me agrade. A metade do valor obtido com a venda vai para a filha de Edwige, e depois de sua morte eu fiz uma doação a minhas filhas no valor do apartamento em que pretendia viver até o meu próprio fim.

A agência imobiliária oferece-me a locação de um apartamento de setenta metros quadrados, de aluguel alto, é verdade, mas que imediatamente me encanta, apesar de situado no primeiro andar, pois a sala de estar, com as cinco janelas que a iluminam, dá para a pracinha na confluência da rue Bréa com a rue Vavin. Farei aqui caso omisso da tribulação da mudança, uma parte da qual vai para um guarda-móveis. Ignoro também a tribulação da nova decoração. Ignoro ainda os novos problemas encontrados no novo apartamento: caldeira defeituosa e perigosa, circuito elétrico incorreto.

Como não posso deixar a gata Mixa num apartamento do qual estaria ausente com frequência, num prédio sem concierge nem amigos, eu a levo para Hodenc, onde pode desfrutar da natureza no parque-jardim. Mixa tem sua ninhada numa casinhola, e Marie-Thérèse a alimenta duas vezes por dia. Tenho muitas vezes a sensação de tê-la abandonado, mas Marie-Thérèse me tranquiliza quanto ao bem-estar que lhe é proporcionado pela vida no campo. Quando é vendida a casa de Hodenc, pertencente a meu amigo Maurice, que até então me hospedava nela, Mixa vem a ser adotada por um jovem casal local que, segundo Marie-Thérèse, a amou muito. Recentemente, como eu pedisse notícias suas, Marie-Thérèse me informa que a gata morreu brutalmente de parada cardíaca. Eu fico arrasado de pensar que tudo que ainda restava da vida de Edwige não existe mais. Penso que deveria ter levado a pobre imigrante para o seu Trás-os-Montes natal, onde seus pais camponeses estavam dispostos a recebê-la de volta.

Minha mudança para o número 54 da rue Notre-Dame-des-Champs é concluída no outono. Eu trabalho em meu Mac num pequeno escritório ao lado da luminosa sala de estar onde estão certos móveis da rue Saint-Claude. O quarto de dormir traz a marca de Sabah: camas gêmeas unidas, logo, siamesas, cuja inclinação é eletricamente modulada. Um grande e belo armário de portas de correr foi desenhado por ela com base em elementos da Ikea. Há um pequeno banheiro e uma cozinha muito bem equipada dando para um apêndice envidraçado que ficou por muito tempo encardido, mas que a proprietária acabou por mandar limpar. O prédio é antigo, creio que do século XIX; um elevador foi instalado no meio de uma escada estreita. Aos poucos eu acabaria descobrindo que o prédio é habitado por velhas senhoras, antigas moradoras do bairro, e jovens. Uma antiga artista de cabaré ainda é proprietária de alguns apartamentos. Eu vejo uma brava senhora com um cachorrinho. No andar superior, um fotógrafo de sotaque americano parece a própria encarnação de uma boemia de outros tempos. Ele é muito amável, mas odiado pela imobiliária que administra o imóvel, pois um escapamento de água no seu banheiro se infiltrou na parede da minha cozinha, mandada pintar às pressas pela proprietária antes da minha chegada. Inconformada com seu antigo locatário, um pintor que, durante a locação, deixou que o apartamento se degradasse, ela ficaria igualmente inconformada comigo, já que a obriguei a mudar a caldeira.

MINHA PARIS, MINHA MEMÓRIA

Não há um porteiro, mas uma senha digital para abrir a porta do prédio, um interfone no fim do corredor de entrada, uma série de caixas postais pequenas, o que representa um problema para a minha correspondência, composta de livros e documentos volumosos. Há também uma caixa de correspondência coletiva, mas uma senhora me avisa que ela costuma ser saqueada, e eu perdi a conta dos livros que não cheguei a receber.

Em frente, uma longa fileira de prédios tomou o lugar dos jardins do convento de freiras, de que ainda me lembro, e que conferiam à rua um encanto bucólico.

Fico feliz de estar morando perto de minha filha Véronique, residente a poucos metros, na rue Jules-Chaplain, e que me chama ao passar sob minha janela. Marine Baudrillard mora bem perto, na rue Sainte-Beuve. Atenciosa e previdente, ela conseguiu para mim uma arrumadeira, a polonesa Katherine, assim como um médico, e está sempre disposta a ajudar. Fomos juntos ao túmulo de Edwige, depois ao de Jean Baudrillard, que ela mandou cobrir de musgo e flores; o vento depositou pólen sobre o túmulo, sementes que se transformaram em grama. Quanto a mim, mandei instalar no túmulo de Edwige dois animais de cerâmica: uma pequena coruja e uma borboleta.

O espetáculo que se pode apreciar das minhas janelas me encanta. Vejo em frente o café-restaurante Le Vavin, cuja varanda está sempre cheia até por volta de meia-noite. Entre as árvores, a pracinha oferece bancos nos quais estudantes e colegiais comem seus sanduíches no almoço. Uma banca de jornal é mantida por um imigrante iraniano, ex-universitário, muito cortês.

Meu olhar mergulha na parte da rue Notre-Dame-des-Champs onde distingo o Lucernaire, lugar de agradável convívio, com café, restaurante, teatro, cinema. Bem embaixo do meu prédio há uma caixa de correio na qual posso despachar a minha correspondência. Uma padaria-confeitaria ocupa a esquina da rue Bréa; vê-se frequentemente uma fila, especialmente na hora do almoço. Em frente, um iraniano prepara *panini*, crepes e outros engana-fomes. Eu lhe digo que os crepes salgados devem ser feitos com trigo-sarraceno, e não farinha de trigo, como ele costuma fazer, mas ele parece pouco estar ligando. Na rue Bréa e na rue Vavin se perfilam numerosos restaurantes e lanchonetes dos mais variados tipos. Nós logo elegemos La Rotonde como cantina principal, pois apreciamos a hospitalidade e suas ostras em nossos jantares entre amigos ou com a família. Não longe dali, encontramos restaurantes surpreendentes como Le Timbre, na rue Sainte-Beuve, muito pequeno e sempre cheio, onde o homem cozinha e a mulher serve. Todas as cozinhas são encontradas na região, como a libanesa, a basca, a mexicana, a cubana. Na rue Bréa, há a loja de vinhos Le Quinquin, onde sou abraçado pelo jovial dono. Finalmente, o bairro é cheio de cinemas, com sessões que começam às 11 horas da manhã. Uma loja de produtos naturais, Naturalia, fica na confluência da minha rua com o boulevard Raspail. Um tunisiano bem perto, na rue Bréa, expõe frutas e legumes de qualidade, inclusive, quando na época, tomates *cœur de bœuf*. Mais adiante, na rue Delambre, uma excelente leiteria oferece os queijos de cabra de que tanto gosto. Tenho a impressão, aqui, de que está tudo ao alcance da mão.

Quando estou sozinho, preparo a minha comida: salada de tomates com manjericão, azeite de oliva, alho; *boulgour* ou quinua; sardinhas ao azeite orgânicas, queijo de cabra. Carne eu como no restaurante.

O Luxembourg fica a dois passos, de um lado, e de outro, o carrefour Montparnasse/Raspail. É não só um bairro muito vivo, mas que se singulariza por uma grande variedade de idades. A era dos *Montparnos* ficou para trás; se a lembrança de Modigliani ainda perdura nas reproduções que ornamentam as paredes de La Rotonde, não vemos mais Lênin no Dôme, mas jornalistas influentes, gente da intelligentsia, escritores e editores, burgueses; nos bistrôs e sanduicherias, são alunos de colégios públicos ou particulares, estudantes de Assas, aposentados, gente que gosta do bairro, *bobos*, artistas. Pessoas que me viram na televisão ou leram meus últimos livros me cumprimentam e alguns me estimulam: "Vá em frente!"

Finalmente eu encontrei um oásis depois de ter deixado uma rua tomada pelo deserto da desumanidade.

*

O prefeito de Paris, Bertrand Delanoë, celebra o meu casamento com Sabah na sede administrativa do 6º *arrondissement*, na praça Saint-Sulpice, a 6 de janeiro de 2012. Nós vamos à Bastilha na noite da eleição de François Hollande e lá reencontramos a Paris da Frente Popular e da Liberação unida no fervor e na esperança. Eu compartilho esse fervor, ao mesmo tempo temendo que a esperança mais uma vez seja decepcionada.

A 5 de junho, Bertrand Delanoë me confere a Médaille de Vermeil de la Ville de Paris no salão do Hôtel de Ville, o mesmo em que, também na sua presença, Philippe Dechartre me entregara em outra ocasião as insígnias de comendador da Legião de Honra por minha participação na Resistência, cerimônia a que haviam assistido tantos amigos, alguns vindos de longe, como Mário Soares, de Portugal. Em meu discurso de agradecimento, eu falo das minhas diferentes Paris, e foi desse discurso que nasceu este livro.

Meu atual bairro é um concentrado da *minha* Paris. Nesses dias de setembro que antecedem o outono, eu saio ao sol, e a vida me invade, me tonifica. Nas três ruas que se encontram na pracinha, muitos jovens colegiais, estudantes, mas também velhos moradores do bairro, brava gente que é testemunha da antiga Paris. Eu me banho, feliz, no sol suave dessa diversidade social e de gerações. Sinto que a vida ainda me ama, que quer me proporcionar alegria, que ainda me quer.

XI

O metrô

Minha infância era transportada pelo bonde que me levava, na companhia de minha mãe, em direção oeste, rumo às Galeries Lafayette, e para Ménilmontant a leste para visitar tia Corinne, sua irmã menor.

Depois da morte de minha mãe, Corinne acolheu meu pai e a mim em sua casa na rue Sorbier, que dá para a rue de Ménilmontant. Como eu não queria sair do meu Liceu Rollin, tomava o metrô duas vezes por dia para ir e voltar, e isso durante quase dez anos.

De manhã, o metrô ficava superlotado. Os desajeitados não conseguiam entrar antes de se fecharem as portas, os agressivos empurravam, espremiam ainda mais os já espremidos e acabavam conseguindo se introduzir, com a porta batendo em suas costas. Na estação seguinte, era preciso saltar para permitir a saída dos que desciam e depois voltar a entrar, mas nesse momento se penetrava ainda mais na massa humana, ficando mais ou menos comprimido, conforme as flutuações dos que saíam e entravam a cada parada.

A partir de 12-13 anos, eu buscava contato com algum traseiro feminino, que muitas vezes não reagia, pois condenado à imobilidade. Vinha a ereção, e eu mergulhava numa volúpia mística e muda que se desfazia brutalmente quando o adorável traseiro se afastava para sair, ou eu mesmo precisava me apartar para descer na estação Anvers. Não sei se já mencionei, mas acabei perdendo um botão da braguilha, que por muito tempo ficou sem substituição, pois não tinha coragem de falar a respeito ao meu pai e não havia ninguém que pudesse fazer a costura.

A partir dos 16 anos, eu às vezes tomava coragem de insinuar a mão no traseiro comovente e começava a acariciar. Logo parava ante eventual sobressalto de repulsa e continuava se não houvesse reação. Às vezes, via de relance um perfil feminino que decuplicava minha emoção. Mais tarde ainda, aconteceu-me de descer do trem com a minha acariciada e dirigir-lhe a palavra. Mas as poucas palavras que conseguia balbuciar para expressar minha perturbação logo desfaziam o encanto, de ambas as partes. Só muito raramente eu consegui entabular alguma relação com um encontro no metrô.

Embora eu a tomasse duas vezes por dia, a linha número 2 estava sempre me revelando sua intensa poesia. Eu sentia como uma subida ao céu o momento em que o metrô saía da terra, na estação Combat (rebatizada de "coronel Fabien" depois da guerra), e chegava majestosamente à estação Jaurès. Depois, como em navegação aérea, o metrô perambulava soberanamente, virando acima do canal Saint-Martin e chegando à estação seguinte, atualmente Stalingrad. Tudo fascinava o meu olhar ao longo do trajeto de superfície, por cima do sórdido e triste boulevard de la Chapelle, transpondo as linhas férreas da Gare de l'Est e da Gare du Nord, até chegar a Barbès Rochechouart, estação sempre movimentada, que dominava o populoso boulevard Barbès. Vinha então o embriagador mergulho no túnel subterrâneo para chegar a Anvers, onde eu descia do metrô para entrar no liceu pela rue Bochard-de-Saron, nome estranho que sempre me intrigava.

Na volta: metrô mais tranquilo, às vezes um lugar para sentar. Eu não conseguia deixar de contemplar belos ou patéticos rostos de mulheres que às vezes sustentavam meu olhar, mas eu não tinha coragem de ir além disso.

MINHA PARIS, MINHA MEMÓRIA

Durante muito tempo ainda, depois da adolescência, a promiscuidade do metrô me oferecia perfis, peitos, traseiros de fatais desconhecidas que me mergulhavam numa autêntica comoção de adoração mística. Foi então que escrevi os poemas coletados sob o título *A rapsódia do sátiro do metrô*, dos quais me ofereço aqui alguns trechos.

Alguns celebravam a própria poesia do metrô:

Connaissez-vous le bon scolopendre?
Un œil blanc lui ouvre la route
Le grincement du poussif du portillon l'annonce[1]

On devine la lueur ambulante cheminant au loin
Ou bien on l'entend chanter dans un virage.
Et soudain le métro débouche avec ardeur.
Traversant la station en tintamarre,
S'arrête avec dédain à l'extrémité de la gare

Dans le tunnel il ronronne
Un chant rêveur, monotone.
Dans le tunnel, les bipèdes solitaires,
Muets, regardent à l'intérieur d'eux-mêmes
sans voir.
Les bipèdes féminins ont des peintures
plus belles que des tatouages
Sur leurs tissus et leurs visages.

---

[1] As portas automáticas se fechavam à chegada do trem, impedindo o acesso à plataforma.

Celles qui entrouvrent les lèvres
Laissent deviner une langue pâle,
Et le métro entre dans la station de faubourg
blafarde*

E este outro:

Entendez-vous le bruit de la mer?
C'est le métro qui roule sous terre.
Entendez-vous les vitres vibrer?
Le métro souterrain est passé
Avec cinq cents corps et âmes sous leur carapace.
C'est le métro souterrain qui passe
Avec cinq cents homards humains...
L'homme restera-t-il toujours homard?
Se demande, dans le wagon illuminé,
le satyre hagard.**

---

* Você conhece a boa escolopendra? / Um olho branco abre-lhe o caminho / O rangido da resfolegante porta o anuncia / Adivinhamos o brilho ambulante caminhando ao longe / Ou então o ouvimos cantar numa curva. / E de repente o metrô desemboca com ardor. / Atravessando a estação em algazarra, / Detém-se com desprezo na extremidade da estação. / No túnel ele ronrona / Um canto sonhador, monótono. / No túnel, os bípedes solitários, / Mudos, olham para dentro de si mesmos / sem ver. / Os bípedes femininos têm pinturas / mais belas que tatuagens / Em suas roupas e seus rostos. / As que entreabrem os lábios / Permitem adivinhar uma língua pálida, / E o metrô entra na estação de subúrbio / sem graça. (N. T.)
** Está ouvindo o barulho do mar? / É o metrô correndo sob a terra. / Está ouvindo a trepidação das vidraças? / O metrô subterrâneo passou / Com quinhentos corpos e almas sob suas carapaças. / É o metrô subterrâneo que passa / Com quinhentas lagostas humanas... / O homem será sempre uma lagosta? / Pergunta-se, no vagão iluminado, / O sátiro bravio. (N. T.)

E mais este outro:

> *Il arrive. C'est le crépuscule*
> *Et jaillissent les corps humains*
> *Des usines, bureaux, ergastules,*
> *Casernes du gagne-pain.*

> *De la Cité qui meurt le soir,*
> *Aux lugubres buildings bancaires,*
> *Et qui brasse sa chair sous terre*
> *Dans les longs tunnels sans espoir.*

> *Au fond des sombres intestins*
> *Roulent les songes souterrains*
> *Roulent les rêveries crédules*
> *Roulent les métros somnambules.*

> *Roulent dans la nuit qui gronde*
> *Les visages, les beaux visages*
> *Porteurs du plus lointain message:*
> *En eux, toute la beauté du monde**

O poema principal, *La Rhapsodie*, dava a palavra a um sátiro alucinado para quem (como para mim) o desejo físico de uma mulher

---

* Ele chega. É o crepúsculo / E brotam os corpos humanos / Das fábricas, escritórios,
celas, / Casernas do ganha-pão. / Da Cidade que morre à noite, / Com seus lúgubres
prédios bancários, / E que revolve sua carne debaixo da terra / Em longos túneis sem
esperança. / No fundo dos sombrios intestinos / Passam os sonhos subterrâneos /
Passam os devaneios crédulos / Passam os metrôs sonâmbulos. / Passam na noite que
ruge / Os rostos, os belos rostos / Que levam a mais distante mensagem: / Neles, toda a
beleza do mundo. (N. T.)

irresistivelmente provocava um sentimento de adoração. Desse modo, o sátiro devotava o amor mais ardente a mulheres solitárias, tristes, encerradas numa vida monótona, e se tomava por um novo Cristo.

Naturalmente, havia humor no amor, e meus versos, nesse sentido, bem poderiam parecer de inspiração prevertiana. Assim, quando meu amigo André Verdet me apresentou a Jacques Prévert em Saint-Paul-de-Vence, eu não me fiz de rogado para lhe entregar minha pequena coletânea, convencido de que nela encontraria algo de apreciável; não imaginava que a ideia de um sátiro "novo Cristo" não lhe seria agradável, como tampouco o "erotismo místico" dos poemas. Passou-se um ano sem que Prévert me desse sinal de vida. Como no ano seguinte eu ia ao Festival de Cannes para meus estudos sobre o cinema, passei por St-Paul-de-Vence. Prévert almoçava no La Colombe e respondeu à minha saudação de maneira algo ríspida, quase irritada. Eu cometi o erro de dizer na conversa que gostava de "filmes babacas"; ele me cortou, dizendo que a palavra babaca* era a mais bela da língua francesa... Não sei se foi a meu pedido ou por iniciativa própria que ele me levou a um cofre, do qual retirou *A Rapsódia do sátiro do metrô*, devolvendo-me o manuscrito sem uma palavra de comentário.

Esse golpe fatal cortou pela raiz minha carreira de poeta. Embora até então alguma inspiração me levasse de vez em quando a compor versos, fiquei a partir dali definitivamente inibido. (Também tive uma carreira de romancista morta ainda no ovo, uma carreira de cineasta abortada depois que o produtor do filme me privou da possibilidade de apresentar minha própria montagem do filme *Crônica de um verão*; foi graças a essas carreiras frustradas que eu pude me dedicar a *O Método*...)

---

* *Con.* (N. T.)

MINHA PARIS, MINHA MEMÓRIA

Mas voltemos ao metrô. Eu disse que gostava da linha 2 não só por seu percurso de superfície, como também pela saídas luminosas ao ar livre e as voltas noturnais ao subsolo. Também gostava do seu velho terminal estilo 1900 na Porte Dauphine, junto ao bosque de Boulogne. Gostava dos nomes que remetiam aos prazeres e desejos ao longo de sua passagem por baixo do boulevard Rochechouart e do boulevard de Clichy: Pigalle, Blanche...

Quando voltei a Paris durante a Ocupação, eu circulava mais de metrô que de ônibus, e minha prática cotidiana, na sucessão dos encontros, me dotou de um conhecimento exaustivo das linhas e correspondências. Nada me dava mais prazer do que informar a alguém que quisesse ir à République partindo de Saint-Germain-des-Prés: "Faça baldeação em Réaumur-Sébastopol e tome a linha 3, direção Porte de Bagnolet" (na época, a linha não seguia até Galliéni).

A linha 3 me era bem conhecida desde a adolescência: partindo da rue Sorbier, eu tomava o metrô na estação Martin-Nadaud (hoje fechada) para descer em Sentier e chegar à loja do meu pai na rue d'Aboukir. Era uma das raras estações, talvez a única do metrô parisiense, que saía de um prédio. A 3 me levava também aos Grands Boulevards, a Richelieu Drouot, Opéra, onde me fascinavam as passagens dos Panoramas, os cinemas, a Opéra Comique. Era uma linha inicialmente popular, iniciada no 20º *arrondissement* — Porte de Bagnolet e Gambetta —, que progressivamente se aburguesava, até se tornar extremamente burguesa depois de Villiers, com Malesherbes, Wagram Péreire, onde eu descia antes da guerra para ir à casa da minha tia Henriette, e depois da guerra à casa do meu pai, que na época morava na rue Demours. Na verdade, o 17º *arrondissement* não me atraía, com seus enormes prédios haussmanianos, a escassez de lojas, a falta de vida, à parte a ruazinha de restaurantes, Bayen, se não me engano.

A linha 6, Nation-Étoile, também era uma linha que se transformava, ora subterrânea, ora de superfície. Mas, ao contrário da 2, tinha um percurso de superfície triste e cinzento antes e depois da praça d'Italie, e então se tornava amável a partir de Dupleix e magnificamente poética ao atravessar o Sena entre Bir Hakeim e Passy.

Quando eu morava na rue Saint-Claude, minha estação era Sébastien-Froissart, passando sobre a linha 8, Balard-Créteil, muito irrigada de correspondências.

Eu frequentei todas as linhas ao longo da vida.

Tenho a impressão de que sempre houve mendigos e músicos no metrô. Aqueles proclamam em alto e bom som sua miséria e suas necessidades; os músicos, acordeonistas, violinistas ou cantores, tocam ou cantam ante a indiferença geral, e ao passar entre os acentos encontram narizes abaixados, mas às vezes uma de suas mãos tira uma moeda de uma bolsa ou de um porta-moedas.

O que é mais recente é a presença de pequenas orquestras nos corredores das baldeações. Muitas vezes, na République, fico encantado com um conjunto andino com suas flautas agudas, tocando *huaynos*. Junto-me então aos que se aglomeram para ouvir o concerto.

A vida inteira, nunca deixei de ser metrômano e ainda hoje continuo. Às vezes, alguém se surpreende por me encontrar num vagão: "O senhor anda de metrô? O senhor?" Outros se surpreendem por me encontrar fazendo compras no mercado. Acham que eu devia ter uma vida de membro da "elite", com motorista e empregada. Imaginam que minha reputação significa riqueza e facilidades. Na verdade, pode acontecer de eu tomar um ônibus ou táxi, mas só me sinto bem no metrô. Gosto de contemplar a expressão das pessoas, eternamente espantado de ser um ser humano entre os seres humanos, cada um enfrentando os percalços da vida, defrontando-se com a tragédia da morte dos entes queridos e a perspectiva da sua própria morte. Observo os rostos para tentar encontrar o sentido do mistério da condição humana e da vida.

Outras vezes fico encantado com belos rostos. E também leio quando estou sentado num vagão tranquilo. Eu só leio revistas nos transportes,

MINHA PARIS, MINHA MEMÓRIA 217

metrô, ônibus, aeroportos, aviões, exceto quando tenho urgência de ler o editorial de um amigo como Jean Daniel.

Tenho hoje a sensação de que os metrôs da época da minha adolescência eram vivos, de que, embora não se falassem, as pessoas estavam presentes umas para as outras. Hoje, ninguém se olha, todos parecem fechados sobre si mesmos, tudo se tornou anônimo, e no entanto o metrô nunca foi tão diversificado do ponto de vista humano: não é apenas a diversidade das idades, sexos e condições sociais, como naquela época; veio somar-se também a diversidade étnica dos rostos asiáticos, africanos, magrebinos, ibéricos, mestiços, misturados aos rostos franceses, já por si mesmos tão diversos. Como lamentou não sei mais qual autor, falando do metrô de Nova York, "eles estão ali, milhões de seres humanos de todos os continentes, de todas as culturas, e não se falam, não se conhecem". Da mesma forma, o metrô parisiense transporta milhões de seres humanos, cada um com sua diferença, sua singularidade, mas também sua humanidade comum, *e nada acontece*.

Nada acontece, mas o metrô, termicamente quente em todas as estações, não deixa de ser o metrô de toda essa humanidade una e diversa.

Penso muitas vezes que o metrô é uma Metrópolis de sedentários de superfície que se transformam em nômades subterrâneos, móveis, ambulantes debaixo da cidade imóvel e imobiliária dos prédios de pedra e tijolo. É bem verdade que a cidade vive na superfície, com seus pedestres, seus carros, seu tráfego. Mas a vida subterrânea da Metrópolis é a vida dos indivíduos e bandos que se transformam em multidão nas estações e correspondências, antes de voltarem a ser indivíduos e bandos dentro dos vagões. É a vida em que podemos sondar o mistério dos rostos e expressões, na qual nos sentimos transportados, carregados pelo túnel do destino.

Devo dizer que nos últimos anos sou aquinhoado com inesperadas manifestações de calor humano. As pessoas dirigem-se a mim para me agradecer e me dizer que continue; alguns até me dizem que a leitura deste ou daquele livro foi um acontecimento em sua vida. Ontem, um casal idoso me seguiu na estação Nation e entrou atrás de mim no vagão. O homem e a mulher me abordaram, dizendo que acabavam de ver, no cinema Arlequin, o filme *Crônica de um verão*, e ela acrescentou que era originária de Salônica, como meu pai. Também me deparo às vezes, no metrô como na rua, com o olhar cheio de ódio de algum mal-informado que me julga antissemita e está convencido de que quero a destruição de Israel. Mas há bons sorrisos, bons olhares, e o metrô continua para mim mais vivo que nunca.

Epílogo

As grandes cidades cosmopolitas do Mediterrâneo estão mortas: Alexandria, Istambul, Salônica. Grandes cidades cosmopolitas se desenvolveram nas Américas, justapondo e às vezes misturando aos autóctones imigrantes de todas as regiões da Europa, como nos países andinos, e aos afro-americanos descendentes de escravos, como no Brasil e nos Estados Unidos. Paris tornou-se uma cidade neocosmopolita, e não mais apenas com os antigos imigrantes da Rússia, da Polônia, do Levante, da Armênia, nem apenas com a boemia de Montparnasse, a boemia dos Picasso, dos Modigliani, dos Soutine, dos Lênin ou de escritores americanos como Henry Miller, mas já agora como africanos, magrebinos, vietnamitas, chineses, para não falar de ricos italianos, ingleses, russos e outros que nela compraram um *pied-à-terre*.

Mas, ao contrário das cidades americanas cujo passado pré-colombiano foi abolido, Paris continua enraizada num passado bimilenar que comporta Lutécia e a capital de Filipe Augusto apertada em suas muralhas, sem esquecer as raras casas medievais (a maioria foi destruída pela haussmanização), as poucas mansões do século XVI, mas sobretudo os testemunhos do esplendor do Grande Século, como o Louvre e os palacetes aristocráticos do Marais, reformados internamente e reconstituídos em seu exterior. Paris traz em si uma história ardente desde

Étienne Marcel, a Fronda, a Revolução de 1789, o Império, as jornadas revolucionárias de 1830 e 1848, a Comuna... até a insurreição de agosto de 1944 e a Comuna estudantil de Maio de 68. Paris mergulha verticalmente num passado gaulês, romano, franco, cristão, mas também numa história patética feita de desastres, salvações, voltas por cima, invasões, como durante a Guerra dos Cem Anos, na qual a cidade foi ocupada pelos ingleses, as derrotas de 1815, em que foi ocupada pelos russos, as ameaças de 1914, o desastre de 1944, em que foi ocupada pelos alemães, sendo a cada vez ressuscitada ou protegida por salvadores: Joana D'Arc, Filipe Augusto em Bouvines, Dumouriez em Valmy, Joffre et Foch em 1914-18, e enfim De Gaulle.

Eu, o filho de imigrantes que incorporou essa história de um país cujo destino sempre é traçado em Paris, sinto-me *histórica e contemporaneamente* parisiense.

Tampouco ignoro que a grande maioria dos parisienses, a partir dos desenvolvimentos urbanos da capital, são provinciais que trouxeram com eles toda a pluriculturalidade francesa: do Languedoc, da região basca, da Savoia, da Borgonha, de Auvergne, da Alsácia, da Bretanha etc. Paris parisianizou toda a diversidade étnico-cultural da França. Não sei se a escola será novamente capaz de permitir que os filhos da imigração africana, magrebina, caribenha ou asiática integrem Paris ao se incorporarem à França. Mas a forte cultura parisiense já impregna esses imigrantes. Um dia, num táxi, o motorista africano me disse, falando não me lembro mais de quem: "Pois eu quero mais é que esse sujeito se...!" E eu pensei, encantado: "Aí está, ele já é dos nossos!" O bar do bistrô parisiense continua firme, e esses lugares onde se brinda e se conversa são autênticos microfóruns da cultura parisiense.

É bem verdade que a Paris da diversidade também é uma Paris da segregação. A antiga polarização Oeste/Leste entre as classes abastadas e as classes populares foi substituída ou acrescida de uma nova segregação: o antigo povo operário foi relegado ao subúrbio, e em alguns deles se amontoou um novo proletariado de imigrantes e descendentes de imigrantes. A rejeição de que são vítimas os leva a rejeitar a sociedade que os rejeita. À falta de uma política humana da criança e da adolescência, a delinquência infantil e juvenil aumenta. Paris de fato é, como diz a velha canção que meu pai cantava, "cidade infame e maravilhosa"!

Da mesma forma, Paris é ao mesmo tempo Cidade Luz e cidade tentacular. Entretanto, apesar da energia que irradia, Paris não é, como Nova York, Tóquio ou Teerã, uma cidade que nunca dorme, dia e noite em ação. À parte Pigalle e algumas ilhas de sonambulismo, a cidade dorme à noite, o metrô para, as estações ferroviárias são fechadas, assim como os aeroportos. A metrópole adormece para despertar, espreguiçar-se e se expandir poderosamente pela manhã.

Tantos rostos diversos de Paris se me apresentam, tantos encantamentos e desencantos habitam minhas lembranças! Tanta poesia e tanta prosa! Eu conheci Paris na alegria, conheci Paris na fé, conheci Paris na emoção, conheci Paris no desespero!

Constantemente pedaços de Paris estão morrendo sob os golpes dos demolidores ou por perda de seiva; e constantemente pedaços de Paris nascem, como Bercy, ou renascem com nova vida, como o faubourg Saint-Antoine, a rue Oberkampf... Alguns perderam a vitalidade por turistificação ou museificação, e mesmo por colonização de bairros outrora populares e populosos por parte de uma burguesia caseira.

Paname!* Essa designação que dava a Paris uma alma, uma amizade, uma familiaridade, desapareceu do nosso horizonte e da nossa fala. Da mesma forma, já não se diz muito "Cidade Luz", embora a capital continue às vezes a deslumbrar. Também desapareceu o *"titi"** parisiense, que fazia blagues e comentários insolentes nos ajuntamentos e

---

* Nome familiar dado a Paris e seus subúrbios no início do século XX, quando os parisienses adotaram o chapéu-panamá, usado pelos operários que então abriam o canal no país homônimo da América Central. (N. T.)

cujas invenções linguísticas enriqueciam o jargão parisiense. Este foi recoberto por um novo jargão cosmopolita.

A Paris da minha infância foi absorvida, tragada, eu diria mesmo abolida na Paris de hoje. Mas continua viva na minha alma a Paris dos meus passeios, a Paris do meu coração, que bateu nas Buttes-Chaumont e em tantos quartos de amor isolados ou em sótãos — a Paris das minhas amadas mortas e dos meus amigos mortos que continuam e continuarão vivos enquanto me restar um sopro de vida.

Por fim, voltando mentalmente ao lugar onde nasceu este livro, no discurso pronunciado no Hôtel de Ville, onde o prefeito Bertrand Delanoë me homenageou como cidadão de Paris, eu vejo de novo aquela praça onde, numa madrugada de agosto de 1944, depois de uma semana de insurreição, encontramos nossos libertadores com o rosto em lágrimas como nós que vínhamos comemorar sua chegada tão esperada. E é a epopeia de Paris, pequena ilha no Sena, que ao longo dos séculos se transformou num ser coletivo ardente e poderoso, nutrindo-se da vida dos seus como eles se nutrem da vida de sua cidade, é este ser que, nos altos e baixos de sua história bimilenar, foi capaz de mandar para o mundo, em certos momentos extraordinários, a mensagem inconscientemente carregada pelo gênero humano ao longo dos milênios e que, de repente, chega às vezes à sua consciência, aqui e ali, especialmente em Paris, a mensagem de sua aspiração por outra vida. Uma vida de liberdade, de igualdade, de fraternidade!

Paris, novembro de 2012

---

* Garoto. (N. T.)

Impresso no Brasil pelo
Sistema Cameron da Divisão Gráfica da
DISTRIBUIDORA RECORD DE SERVIÇOS DE IMPRENSA S.A.
Rua Argentina 171 – Rio de Janeiro, RJ – 20921-380 –Tel.: 2585-2000